Líder
Por Amor

Angelo Otavio

Líder Por Amor

Família, trabalho, sonhos e conquistas.

figurati

COORDENAÇÃO EDITORIAL: SSegovia Editorial
PREPARAÇÃO: Deborah Stafussi
REVISÃO: Laura Folgueira
Silvia Segóvia
DIAGRAMAÇÃO: Rebeca Lacerda
CAPA: Lumiar Design

Texto de acordo com as normas do Novo Acordo Ortográfico da Língua Portuguesa (1990), em vigor desde 1º de janeiro de 2009.

Dados Internacionais de Catalogação na Publicação (CIP)
Angélica Ilacqua CRB-8/7057

Schnaidman, Mauro Otavio, Angelo
Líder por amor / Angelo Otavio. -- Barueri, SP : Figurati, 2019.

1. Liderança I. Título

19-1851 CDD 658.4092

Índice para catálogo sistemático:
1. Liderança 658.4092

Alameda Araguaia, 2190 – Bloco A – 11º andar – Conjunto 1111
CEP 06455-000 – Alphaville Industrial, Barueri – SP – Brasil
Tel.: (11) 3699-7107 | Fax: (11) 3699-7323
www.gruponovoseculo.com.br | atendimento@novoseculo.com.br

O motivo

Ao pensar em escrever um livro, ou pelo menos tentar escrever, muitas ideias me vieram à mente. Ideias sobre a minha formação como educador físico, em que eu poderia levar dicas saudáveis às pessoas ou falar sobre ginástica laboral, ergonomia e boa postura no ambiente de trabalho. Também tive outras sobre tópicos relacionados à gestão de pessoas, algo muito necessário hoje em dia. Pensei, ainda, em tratar de relacionamentos dentro das hierarquias, processos e setores do trabalho, ou até mesmo escrever algo sobre minhas próprias experiências como gestor e prestador de serviços em várias empresas de diversos ramos de atuação. Porém o meu maior sonho e propósito era escrever algo que pudesse ir além da leitura e servir como exemplo prático e motivacional para que os leitores pudessem usar esses conhecimentos como ferramentas de apoio para enfrentar seus desafios pessoais e profissionais mais verdadeiros, como eu enfrentei e continuo a enfrentar todos os dias. E foi esse o motivo que me fez acreditar na grandeza e real possibilidade desse desafio, pois não seria escrever por escrever, e sim pensar muito sobre o processo de escrever, como conseguir chegar ao interior das pessoas com clareza e de forma genuína.

Em vários momentos, bem antes de começar a escrever, me deparei com diversos obstáculos, como a dificuldade com a língua portuguesa, pois nunca fui bom aluno nessa matéria nem mesmo um leitor assíduo, mas, com a ajuda de uma excelente equipe técnica, isso foi facilmente superado; sempre acreditei que o trabalho em equipe supera os obstáculos mais temidos, e nesse caso, escrever um livro com falhas ortográficas seria o mais severo deles. Outro medo era esquecer alguém, algum fato ou momento marcante, mas isso também não seria tão ruim, pois sem dúvida devo ter esquecido de várias pessoas, lugares e alguns belos e bons momentos, mas com certeza tudo o que lembrei foi escrito e feito com coração aberto, mente límpida e uma aura cheia de bondade. Por isso, tenho certeza de que serei perdoado por alguns lapsos de memória. Até mesmo porque a minha principal intenção em escrever este livro é fazer o possível para chegar até as pessoas que talvez nunca irei conhecer, pessoas que irão usufruir das minhas experiências para se transformar em multiplicadoras de bem-estar, promotoras de seres humanos melhores. Por esse motivo, abdiquei de meus temores. Tenho plena certeza de que essas pessoas entenderão que eu também sou humano, cheio de limites e posso ter falhado em algumas das várias etapas da minha vida, mas com a segurança de que, mesmo errando, estava tentando acertar, pois a intenção não era apenas fazer do jeito certo, mas da maneira correta, como diria Mário Sérgio Cortella: "Fazer o correto, do jeito certo e na hora certa". Para mim, essa é a melhor oportunidade, na qual estou livre de pré-conceitos, pronto para dividir e apto a multiplicar.

Outra dura dúvida e apavoramento que me cercava a todo momento era um pensamento quase diário e inquietante, acredito que experimentado por quase todos os humildes escritores: o receio de não conseguir transmitir em palavras todas as minhas emoções, momentos, situações, experiências, erros, acertos e lições. No entanto, me fortaleci novamente com as palavras de incentivo dos meus colegas de profissão, amigos, funcionários, parceiros e principalmente de minha família, em especial minha amada esposa e meus filhos queridos, pois foram eles que sentiram minha ausência por muitas noites, foram eles que me confortaram em muitos dias conturbados e, é claro, foi por eles que consegui chegar até aqui. Sempre ouvindo deles as frases: "Você precisa escrever um livro", "Você precisa dividir esses ideais" e a melhor delas, dos meus filhos, "Você consegue, papai".

Acho que esse é o trabalho de um escritor ou pelo menos de alguém com vontade de dividir momentos e experiências, sejam elas reais ou imaginárias. Não é nenhuma tarefa simples, e acredito que não deva ser mesmo fácil escrever para que outros sintam e se sensibilizem. Às vezes me descontrolo quando percebo que é possível existir pessoas que pensam em escrever algo para ser um produto apenas comercial, vendável, apenas pelo lucro; por isso, quero manter a convicção e o meu intuito de servir, de dividir para multiplicar, de sensibilizar para tocar, e, acima de tudo, refletir para agir, pois a verdadeira fonte da mudança será a capacidade de se renovar, se reinventar, se modular e até mesmo renascer, por meio de questionamentos como: "Será que estamos sendo coniventes com tantos absurdos sociais? Será que temos força para contribuir com uma possível mudança? Será que queremos mesmo mudar?". Pois essa mudança só terá sentido se iniciada no interior de cada um, por um simples motivo: a busca da felicidade.

Não sei se consegui fazer isso, pois decidi compartilhar apenas um pouco do que vivi, vivo e ainda quero viver. Por isso, peço a sua ajuda. Vamos tentar viver juntos essas sensações, dividir esses momentos durante a leitura, com o coração aberto, com mente limpa e alma serena, para depois interagir com o mundo lá fora e tentar transformá-lo, e, é claro, melhorá-lo.

Agradecimento

Agradeço a todos que acreditaram na possibilidade deste livro, a Deus por tantas chances que venho tendo em minha vida profissional e pessoal, a todos os líderes que passaram por minha curta trajetória profissional até este momento, e que foram as principais referências dessa obra, a todos os meus funcionários e parceiros que acreditam nos meus ideais, a todos os meus familiares, que sempre me transmitem ótimas energias, e, é claro, aos meus pais e irmãos pela educação e amor que recebi durante minha vida. E em especial, à minha esposa e aos meus filhos amados, sem vocês, nada haveria acontecido e é por vocês que muitas coisas ainda acontecerão.

Quero agradecer muito a todos os colegas de profissão, clientes e parceiros que vez ou outra questionaram meus métodos e discordaram das minhas ideias, e ainda àqueles que não acreditaram em minha estratégia, pois foi por causa de todos esses questionamentos e dúvidas que eu precisei estar sempre bem preparado, mais atento e nunca desmotivado, afinal, o "não" todos já temos, e precisamos de muita força interior, perseverança e competência para buscar o "sim".

Por fim, e de uma maneira muito carinhosa, quero agradecer a todos os alunos dos cursos que já dei, e os espectadores das inúmeras palestras que já ministrei. No fundo, vocês são os maiores responsáveis por esta obra; foram vocês que me incentivaram, motivaram e desafiaram em todas as vezes que, entre um abraço e uma foto, me perguntaram: "Onde eu encontro mais sobre esse conteúdo?".

Boa leitura a todos!
Professor Angelo Otavio Blóes

Introdução

Estou no auge da minha carreira, na plenitude da minha vida profissional, com muita energia para trabalhar intensamente, quase sem datas livres, com uma agenda muito equilibrada em todos os meses do ano, fazendo o que amo e, ainda, com excelente retorno financeiro. Posso até dizer que vivo com mais do que sempre imaginei.

Sinto-me muito bem fisicamente, pratico esportes, tenho a possibilidade de praticar o *hobby* que mais amo com certa frequência e sem dores no dia seguinte.

Sou um marido apaixonado e, diga-se de passagem, muito bem casado, com uma das mulheres mais lindas que já conheci e sou retribuído com o seu amor.

Um pai totalmente pirado pelos filhos, um menino e uma menina educados e amorosos, que sentem imenso prazer em simplesmente ficar à toa em casa comigo.

Meu relacionamento com meus irmãos é muito bom, sempre que podemos estamos juntos nas datas comemorativas e quando um de nós precisa de ajuda, nos unimos ainda mais.

Tenho minha mãe como exemplo de mulher e eu me esforço todos os dias para ser um exemplo de filho para ela.

Já não tenho mais avós, mas posso garantir que, enquanto eles estavam por aqui, aprendi muito com eles e curtimos cada minuto "juntos e misturados".

Tenho tios, primos e até afilhados, sempre que possível falo com todos; tenho até uma tia que chamo de segunda mãe.

Dou-me superbem com meu sogro e com minha sogra, meu cunhado é um dos meus sócios e confio plenamente nele.

Tenho muitos amigos, tanto de infância como aqueles que a vida nos traz, seja pelo trabalho, pelo futebol do clube ou até mesmo por serem pais dos amigos dos meus filhos.

Comando uma empresa com muitos funcionários, alguns também se tornaram parte da nossa família e muitos me admiram, assim como eu a eles.

Faço praticamente tudo o que eu desejo e amo trabalhar, pois faço o que me dá enorme prazer e satisfação.

Só por essa introdução posso afirmar que sou esse "líder por amor", não concorda?

Na verdade, estou me esforçando para me tornar um deles, pois fui privilegiado em conhecer o maior de todos os "líderes por amor" de que já ouvi falar, aprender e viver com ele. Sim, o primeiro e o mais importante de todos os líderes que passaram pela minha vida, com o qual eu mais aprendi, e no qual eu me espelho. Sonho em me tornar um dia, no mínimo, parecido com ele.

Convido você, leitor, para viajar comigo em minhas mais secretas experiências e conhecer o maior líder que já passou pela minha vida. Aquele que me ensinou tudo em que acredito, que foi duro com minhas fraquezas e otimista com minhas virtudes, aquele que me desafiava a ir mais além, que comemorava comigo cada conquista, aquele que não estava na retaguarda nem na linha de frente, pois estava sempre ao lado, queria que eu aprendesse, me superasse, me fortalecesse e, para isso, sabia que eu precisaria cair, levantar, sorrir e chorar, enfim, precisaria SENTIR.

No início, eu achava que eu era apenas um líder nato, mas com o tempo percebi que ser líder tem muito mais a ver com AMOR, e que só existe um tipo de líder nato: aquele que AMA o que faz e AMA fazer isso com AMOR.

Descobri que existem, sim, vários perfis de líderes. É como os estudos de pós-graduação: antes da especialização vem a formação, e antes da formação vem a vocação, e antes da vocação vem esse AMOR. Amar é uma escolha e um comportamento, é um desejo inegociável de fazer o que é correto, ser duro com quem ama e gentil com quem não concorda. Por isso, ser líder não é apenas estudar ou se esforçar; ser líder é ser exemplo, unindo quatro virtudes: Amor, Lealdade, Vontade e Otimismo = ALVO.

Sumário

1

O HOMEM DA MINHA VIDA

Líder nato

O primeiro e o melhor homem da minha vida, eu conheci quando tinha mais ou menos três ou quatro anos de idade, apesar de ele me conhecer desde o meu primeiro choro. Mas minhas primeiras lembranças nítidas quando forço a busca no meu banco de dados, "Memória Imortal da Infância", são dessa fase da minha vida, pois foi nela que comecei a me questionar e também a questioná-lo, querendo muito saber o que ele fazia em seu trabalho, por que muitas vezes não dormia em casa, o que fazia quando estava sozinho, se sentia saudade de mim como eu sentia dele, enfim, uma mistura de curiosidade e dúvidas, mas sempre com muita admiração. Quando completei cinco anos, ele passou a me responder tudo isso na prática, pois começou a me levar, quando podia, é claro, para vê-lo trabalhar. Sempre que penso nessa época, rapidamente meu "HD" processa lembranças insubstituíveis, em que eu visualizo a imagem de um homem forte, viril, ágil e muito agitado, que comandava vários funcionários e tinha muitas responsabilidades, que sempre precisava correr para que tudo desse certo e todos os prazos fossem cumpridos, muitas vezes se ausentar do lar para honrar seus compromissos, trabalhar nos finais de semana para bater as metas e sanar as necessidades pessoais e financeiras da sua família. Sabem quem é esse homem? Já viram ou conhecem alguém assim?

Acredito que esse perfil já esteve presente na vida de muitos, mas, na minha, pude experimentá-lo com uma intensidade e força avassaladoras. Uma imagem marcante e muito viva até hoje na minha memória é esse homem subindo a escada estreita, de degraus altos, sem corrimão, que levava os funcionários para a casa das máquinas de projeção, com muita pressa, andando rápido com passos largos e firmes, carregando em seu ombro direito três ou quatro embalagens redondas de alumínio, apoiadas com muita habilidade por apenas uma das mãos, pois a outra estava colada junto ao corpo e cheia de papéis embaixo do braço. Antes de começar a subir, ele me viu brincado com os carrinhos de ferro de miniatura da marca Matchbox, com os quais ele sempre me presenteava após suas viagens à capital, pois só lá eles eram encontrados e, podem ter certeza, era um luxo tê-los naquela época (final da década de 1970). Ao me ver ali sentado no chão brincando ao lado da escada, só com um olhar e um sorriso discreto, com o busto suado, como sempre ficava, ele me fazia entender que estava com muita pressa, mas que em breve voltaria para me ver, pois com toda certeza aquela encomenda deveria ser entregue o quanto antes. Na mesma hora, eu entendia a importância da sua chegada e não sentia em nenhum instante que havia sido abandonado ou ficado em segundo plano, e continuava por mais de trinta minutos ali sozinho. De vez em quando algum funcionário passava por mim e perguntava:

— Tudo certo aí, rapazinho?

Eu apenas fazia sinal de positivo com a cabeça. Mais alguns minutos ali se passavam, o som que vinha das máquinas do andar de cima era ritmado e constante, ao fundo eu ouvia as pessoas (clientes) gritando de medo após um silêncio profundo, eu mal conseguia brincar direito, pois aquele conjunto de sentimentos começava e me incomodar. Quando eu já estava prestes a não segurar mais o choro, pelos mesmos degraus altos daquela mesma escada estreita, mas agora bem mais lento, com as mãos apoiando-se nas paredes laterais, descia, já com o sorriso no rosto e um semblante bem mais sereno, o meu ídolo e fonte de todas as minhas melhores inspirações. Homem versátil à frente do seu tempo, empreendedor corajoso e destemido, apaixonado pela oitava maravilha do mundo. Formado em Educação Artística, desde muito cedo começou a trabalhar nos bastidores das salas de projeção de cinemas do interior paulista, e com apenas 22 anos já era proprietário da sua primeira sala, e mais tarde, aos 30 anos, de mais cinco cinemas espalhados em municípios de uma região pobre do sudeste paulista. A cidade-sede dessa modesta rede de entretenimento, era a minha tão amada cidade natal de Capão Bonito.

Foram anos de sucesso, liderando uma numerosa equipe de funcionários, que atuavam na bilheteria, portaria, baleiro — como chamávamos na época as *bombonnières* de hoje —, lanterninhas — como chamávamos os fiscais de sala, que hoje nem existem mais —, cortadores, que eram responsáveis por emendar os filmes quando estes se rompiam, profissão também extinta com a chegada dos projetores digitais, além dos projetistas, seguranças, pessoal da limpeza, enfim, todos os colaboradores daquela instituição maior chamada cinema. Nas áureas épocas de sucesso dos cinemas do interior, ele chegou a ter uma sala na cidade de Itararé, São Paulo, divisa com o norte paranaense, com capacidade para mil lugares. Hoje em dia, as maiores salas dos shoppings não passam de quinhentos lugares, mas o mais espantoso é que, num filme de lançamento nacional, essa e outras salas gigantes ficavam lotadas com extrema facilidade, com sessões extras ao longo da programação, muitas vezes assistidas pelas mesmas pessoas, pois não era só o filme o protagonista, e sim todo o ambiente mágico que pairava sobre aquele universo lúdico, fascinante e estimulante.

Foram anos vivendo como espectador desses momentos, ouvindo sem entender a fundo muitos detalhes, das longas conversas entre aquele jovem empresário e seus funcionários, fornecedores, credores e tantos outros. Sem sombra de dúvidas, as principais conversas e as mais importantes eram entre ele e minha mãe. Quantas e quantas noites demorei para dormir e, em muitas delas, me esforcei para ficar acordado, pois adorava ouvi-lo contar cada detalhe do seu dia para sua amada esposa. Parecia um relatório ao chefe, porém muito diferente dos que vejo nas empresas em que presto consultoria hoje em dia, pois era feito com muito amor e sinceridade, e, o melhor de tudo, sem cobranças, algo espontâneo e prazeroso para ambos — ou melhor, para todos nós, pois eu era o espectador oculto daquelas longas conversas, que para mim soavam como o roteiro de mais um filme de sucesso.

Lembro-me como se fosse hoje das proezas necessárias para que o filme (película de 70mm, o maior glamour da história das grandes projeções; hoje, para diminuir os custos, a maioria dos filmes é exibida em 35mm) chegasse a tempo do início da sessão. Era uma correria danada com o transporte precário, estradas horríveis, e ainda a má vontade das companhias de distribuição dos filmes da capital paulista, pois para eles o interior era o plano B, ficava em segundo lugar sempre. Aquele líder nato e exemplo para seus liderados precisava sempre dar um jeito, encontrar uma solução. Naquela época eu não tinha noção, mas estava diante de um símbolo vivo de proatividade, aquele que dirigia, conduzia, realizava, aquele que nunca gritava, nem ao menos se exaltava, aquele que tinha que resolver e resolvia. Cuidar da logística nos dias de hoje é um grande exercício para os profissionais especializados desse setor, imagine na década de 1970 e 1980, sem celular, e-mail, aplicativos de mensagem instantânea. Quantas e quantas vezes o ouvi se justificar com sua equipe, dizendo a frase: "Se eu tivesse como, avisaria a todos que eu iria atrasar com o filme", pois muitas e muitas vezes a companhia de distribuição não havia despachado o filme via transportadora e ele, sem pensar duas vezes, pegava seu automóvel particular, na época o carro do ano, um Fusca, e corria até a capital — que ficava a mais ou menos 250 quilômetros daquela praça — imediatamente para retirar pessoalmente a encomenda que seria exibida naquele mesmo dia, na sessão de estreia às 19h30 (horário nobre). Com todos os transtornos que essa logística causava naquela época, a primeira sessão seria cancelada e o dinheiro devolvido aos clientes, mas a das 21h estava garantida. Para muitos, missão cumprida ou, pelo menos, "dos males o menor", mas não para aquele líder inquieto. Ele não se conformava e nunca aceitaria que aqueles clientes ficassem sem ver o filme naquela noite, pois eles não iriam poder transferir seus bilhetes para a segunda sessão, em que todos os lugares também já haviam se esgotado com antecedência. Para ele, era muito dolorido viver aquela situação, e o que mais me chamava a atenção é que não tinha nada a ver com lucro monetário: todo o descontentamento estava relacionado à falha operacional. Mesmo sendo gerada por terceiros, para ele, quem havia falhado era ele mesmo, por não chegar a tempo daquela sessão ou não conseguir se comunicar com a equipe. Com esse sentimento tão profundo, suas ações seguintes sempre se transformavam em lições de liderança, pois hoje consigo enxergar o coração daquele profissional especial. Daquela vez, por exemplo, ele reagendou uma sessão extra no dia seguinte, à qual convidou a todos aqueles que haviam perdido a sessão de estreia para voltarem sem nenhum custo e com direito a pipoca de graça para serem recompensados.

Esse sentimento era real e me serviu e serve até hoje de inspiração, pois era algo muito maior, maior até mesmo que o compromisso com suas metas e objetivos; eram seus valores, sua missão e seu propósito, o que nós, profissionais 4.0, chamamos hoje de manifesto, que era promover entretenimento, elevar o nível cultural da população local, em sua maioria humilde, de cidades pequenas e com pouco acesso à cultura. Se em todas as nossas ações corporativas esses valores fossem sempre exaltados e respeitados, com certeza não precisaríamos mais divulgar nossas crenças, pois elas estariam sempre vivas no cotidiano de todos os envolvidos. Por isso, tenho o maior orgulho de ter vivido os melhores anos da minha vida ao lado do melhor líder nato que já conheci, o senhor João Sennen Blóes, meu pai, meu eterno ídolo.

Líder nato, intuitivo e com o dom da percepção à flor da pele, ele rapidamente percebeu que conquistaria seus seguidores pelo exemplo e não apenas com suas palavras. Ele não via somente aqueles que eram necessários para alcançar seus objetivos, mas todos os que compartilhavam e entendiam o motivo daqueles esforços. Para tanto, nunca perdia o controle, era sempre determinado, firme e ao mesmo tempo calmo, atento aos detalhes, perseverante com as possibilidades de melhorias, não aceitava o erro com facilidade, mas assumia os defeitos operacionais e comandava as mudanças quase que imediatamente, tinha uma visão ampla da situação e vivia o presente intensamente, mas com um olhar no futuro a todo momento. E, ainda, sem nunca esquecer suas origens e seu passado.

Em seu primeiro ano como empresário e proprietário, enfrentou o desafio de muitos jovens empreendedores. Como havia arrendado um cinema existente e assumido com o antigo dono, que manteria os funcionários, começou a se deparar com um grave problema: os empregados subestimaram seu poder de liderança e de comando, e como forma de afronta, começaram a faltar no trabalho sem avisar, pois tinham a certeza de que eram insubstituíveis. Não contavam, porém, com as habilidades desse líder moderno, à frente do seu tempo, que, diante dessa situação, reagiu rapidamente, criou um plano de carreira e de sucessão no qual treinava os funcionários para mais de uma função, além do mais espetacular: aprendeu todas as funções e tarefas, tornando-se o substituto de todos, ou folguista, como é chamado hoje nas grandes empresas. Como podem imaginar, problema resolvido, e a equipe se rendeu às mudanças, pois havia entendido o recado de que elas iriam acontecer com ou sem eles, mas com certeza todos poderiam fazer suas escolhas.

Esta é a diferença entre o líder de poder e o líder de autoridade: o primeiro comanda sob a pressão do medo, da sua força de superior hierárquico, com as famosas frases: "Faça isso, senão...", "É desse jeito e pronto. Por quê? Porque eu quero", "Manda quem pode e obedece quem tem juízo". Já o líder por autoridade sabe o que está fazendo, mostra como se faz, pois ele é uma autoridade no assunto, é aquele que, mesmo depois da aposentadoria, continua trabalhando, não por necessidade, mas porque conhece demais aquele assunto e sente prazer em ser produtivo. Quando algo dá errado, o líder por autoridade pergunta: "O que pode ter acontecido?", "O que deixamos de observar?" Já o líder por poder pergunta: "Quem errou?". Um quer achar o erro para entender, avaliar e refazer o processo, ou seja, aprender com o erro. Já o outro quer achar um culpado, aplicar a gestão de consequência, na verdade, se livrar do problema.

Além dessa visão prática para resolver os problemas, meu pai era idealizador de grandes projetos. O primeiro entre muitos aconteceu no começo da década de 1980, quando, em tempo recorde, reformou e reinaugurou uma sala de 250 lugares, com um layout moderno e arrojado, para não dizer muito diferente das salas da época: pintou todas as paredes de verde-escuro, revestiu pontos estratégicos com espumas para abafar o som, decorou e as camuflou com arandelas, posicionou luz indireta nas paredes, contratou marceneiros e tapeceiros da capital para fabricarem poltronas semi-reclináveis de madeira e estofados de couro na cor vermelha. O piso era carpete para contribuir com as espumas e melhorar ainda mais a acústica, pois um dos motivos dessa reforma foi a compra de um som importado com sistema estéreo, de última tecnologia e com muita potência.

O filme escolhido para a reinauguração não poderia ter sido o mais apropriado para o momento: *Terremoto* (Universal Pictures, direção de Mark Robson); as paredes tremiam, o coração acelerava e parecia que era o próprio abalo sísmico que estava acontecendo de fato. Foi delirante e indescritível ver o sentimento de alegria misturado com o dever cumprido, e a resposta para muitos que o chamaram de louco ou que duvidavam das suas intenções era o reconhecimento ao inovador, empreendedor, sonhador, que se satisfaz pelo sucesso chamado realização.

Em meados dessa mesma década, ele foi o primeiro desbravador a projetar sessões de cinema em praça pública, a céu aberto e gratuitamente nas cidades pequenas de nossa região, onde não havia cinemas, mas é claro, com suas condições bem explícitas:

1º) Alinhar os detalhes operacionais e a segurança com a Prefeitura local, que também deveria assumir as despesas com a logística, montagem da cabine de projeção e extras.

2º) Também ficava a cargo da contratante fazer a divulgação nos bairros distantes e carentes, e ainda disponibilizar transporte gratuito para os poucos favorecidos.

3º) A última e a mais nobre exigência era a regra de passar apenas filmes nacionais, para valorizar e incentivar os talentos do nosso país, mas também para permitir que os analfabetos ou aqueles com dificuldades de acompanhar as rápidas legendas, vivessem os mesmos sentimentos que essa maravilha pode proporcionar.

Em outro momento, resgatou o teatro para dentro do cinema. Antes de cada filme, ao invés de exibir trailers internacionais, cedia o palco, comum nas salas daquela época, em frente às telas gigantes para atores, comediantes, humoristas. As companhias de cinema da capital ficaram sabendo que ele estava retomando essas atrações no cinema e começaram a oferecer artistas iniciantes para ele; numa dessas oportunidades, ofereceram uma dupla circense que estava com esquetes de humor, mas a agenda já estava fechada com o pessoal da comunidade local. Nada de estranho em negar atrações em virtude da agenda cheia. É, mais ou menos, a não ser quando esses artistas negados respondem pelos nomes de Didi e Dedé. Isso mesmo, antes dos Trapalhões, a dupla percorria palcos do Brasil em busca de visibilidade. Todas as vezes que o cinema estava lotado com os filmes dos Trapalhões, sem dúvida, as maiores bilheterias que o nosso cinema já tivera, meu pai comentava ironicamente sobre o ocorrido, dizendo:

— E eu, é... disse não para eles...

Morríamos de rir com essa frase, mas no fundo ficávamos imaginando: se esse encontro tivesse acontecido, o que poderia ter mudado?

Além da comédia, também faziam parte das atrações poetas, repentistas, dançarinos e até mesmo aventureiros locais, apresentando seus atos e esquetes teatrais que, de uma maneira ou outra, sempre animavam, divertiam ou, pelo menos, distraíam o público. Também em alguns momentos seguravam a galera até o filme chegar da capital, estratégia criada por ele após alguns atrasos e sessões canceladas, como já comentei anteriormente. Criou também as sessões VIP, que na época eram apenas sessões feitas em horários nobres e acompanhadas de guloseimas diferentes dentro do cinema, como combos especiais: saquinhos com vários itens, balas misturadas com bombons de vários sabores. Dava um trabalho danado montar tudo do jeito que ele queria, mas era um sucesso de vendas. Tudo isso me fez acreditar cada vez mais em suas ideias, projetos. Hoje percebo que eram sonhos e vejo com clareza que todos os nossos objetivos e metas precisam nascer a partir de um sonho. Como diz meu amigo, ator, comediante e palestrante Marcelo Marrom: "Não durma antes de sonhar".

Tenho certeza absoluta de que aqueles momentos foram as melhores aulas que já tive na minha vida, eram momentos de mais puro empreendedorismo, no qual o idealizador colocava em prática suas ideias, projetos e perspectivas, sempre em busca do equilíbrio da receita e harmonia entre todos os envolvidos, pois naquela época a palavra valia muito e tudo o que se prometia era cumprido, porém tudo o que não se entregava também era cobrado e gerava sua devida consequência. Minha primeira aula sobre ganha-ganha, pois negócio bom só é bom se ambas as partes estiverem satisfeitas.

Essa regra está escassa nas relações trabalhistas de hoje em dia, nas quais levar vantagem sobre alguém, algo ou alguma situação parece gerar mais benefícios do que a satisfação plena da conquista honesta e honrosa de seus recursos, a infeliz "Lei de Gérson". A expressão nasceu em meados da década de 1980, quando o jornalista Maurício Dias entrevistava o professor e psicanalista pernambucano Jurandir Freire Costa para a revista *Isto É* por ocasião de seu artigo "Narcisismo em tempos sombrios". Foi nessa entrevista que Dias batizou como "Lei de Gérson" o desejo que grande parte dos brasileiros tem de levar vantagem em tudo.

Uma pergunta que sempre me fazem quando me ouvem contar essas experiências em minhas palestras é: como eu consegui acompanhar tudo isso tão de perto?

Bem, vivendo ao lado desse homem exemplar. Meu maior sonho era ser como ele. Quando me perguntavam na escola:

— O que você quer ser quando crescer?

A resposta era imediata:

— Quero ser igual ao meu pai.

Para chegar lá, com sete anos de idade e na primeira série do primário (como era chamado o Ensino Fundamental na época) fiz um pedido ao meu pai: pedi um emprego no cinema. Meio surpreso e indignado com a minha solicitação, ele me fez uma contraproposta:

— Quando você souber toda a tabuada de cor e salteado, souber voltar troco e seguir os horários, te darei o emprego.

Era um desafio grande para uma criança, mas eu queria tanto que nunca reclamei das horas a mais que fiquei estudando e, com oito para nove anos, passei no teste e ganhei meu primeiro emprego: fui contratado para ser responsável pelo "baleiro". Basicamente, só vendíamos balas e bombons. Porém o desafio era maior do que eu imaginava: na minha primeira semana tudo foi lindo, pois todos os clientes, quase todos conhecidos, vinham comprar e achavam inusitado uma criança e filho do dono naquela posição; as vendas foram ótimas, mas toda novidade tem prazo de validade e é seguida de novos problemas. Os meus foram: eu era lento para fazer cálculos para voltar o troco, e como sabem, todos chegam em cima da hora e não querem perder o filme. Perdi muitas vendas com a frase: "Cancela, depois eu venho pegar, não quero perder o começo do filme".

Também havia alguns malandros que se aproveitavam dessa fragilidade e acabavam pegando algumas balas a mais ou até mesmo furtando enquanto eu me virava para pegar o troco ou abaixava para atender outro pedido. Mas, para minha surpresa, eu não estava sozinho nessa, meu pai acompanhava tudo a distância e, quando estava ausente, deixava sempre um funcionário de plantão, sem eu saber, é claro. Assim, quando fomos fechar o primeiro mês, acabei não recebendo nenhum centavo, pois as perdas foram maiores do que a receita. Achei que iria tomar aquela bronca, mas não foi assim que aconteceu, pois estamos falando de um líder por amor, o líder em sua essência maior. Esse tipo de líder não resolve o problema com a solução imediata ou com gestão de consequência, pois sabe que pode estar apenas apagando um incêndio, mas não acabando com a fonte de calor. Ele quis solucionar o problema, mas ao mesmo tempo me motivar a contribuir com essa solução, e para isso me fez três perguntas que levo até hoje comigo:

— Você quer continuar? Você acha que consegue? Você se sente bem fazendo isso?

Respondi SIM para todas, e completei a frase dizendo:

— Mas vou precisar muito da sua ajuda.

E foi nesse dia que a minha escola-base sobre procedimentos, regras, normas, estratégias e, principalmente, foco no resultado começou.

Criamos um cronograma no qual em cada dia da semana eu teria uma tarefa específica, que havia sido definida de acordo com o movimento do cinema. Era mais ou menos assim:

- **Segunda-feira:** dia de pouco público, então, o foco era limpeza e organização, contagem do estoque, prospecção dos novos pedidos de compras, descarte das peças ruins (balas abertas ou derretidas pelo calor), balanço do que mais vendeu e do que mais se procurou no final de semana. Era o dia do checklist e do planejamento semanal.

- **Terça-feira:** saía para pesquisar os preços, ver possíveis novidades e montar os combos, aqueles saquinhos com vários sabores de balas e alguns especiais, premium, com bombons.
- **Quarta-feira:** chegada dos produtos novos e hora de reabastecer as vitrines, finalizar os combos, etiquetar os preços e deixar tudo muito vistoso e atraente.
- **Quinta-feira:** era o dia da retomada das vendas, digamos que seria a prévia do final de semana, um pouco mais tranquilo, mas com clientes de alto potencial de compra, pois eram aqueles que não gostavam das salas cheias; nesse dia aproveitávamos para testar algum novo produto ou lançamento, pois era o público mais exigente.
- **Sexta, sábado e domingo:** eram os dias *mágicos, se tudo estivesse em* seu devido lugar e seguindo o planejamento daquele cronograma, não tinha erro, era só atender bem, vender e sorrir no final.

Nesse ritmo de trabalho, as minhas primeiras aulas de liderança comportamental foram sobre estratégia de vendas:

1. Ambiente bonito e organizado
2. Tudo muito limpo
3. Padrão de atendimento único para todos os clientes
4. Recursos estruturados
5. Valor agregado
6. Metas claras e bem-definidas
7. Funcionários bem-preparados

Você deve estar se perguntando: como meu pai ensinou cada um deles para uma criança que ainda não havia completado dez anos?

Pois bem, ele não agendou sete reuniões para falar de cada ponto, não preparou um manual de procedimentos ou um passo a passo, não planilhou cada ação do cronograma, mas demonstrou cada item na prática e com exemplos do dia a dia, relembrando situações que havíamos vivido anteriormente, exemplificando com riqueza de detalhes cada ocorrência passada ou que poderia vir a acontecer, discutiu diariamente sobre meus erros e acertos, ou seja, sem saber eu estava ali, recebendo a minha primeira aula sobre a importância do *feedback*. Mesmo assim, não foi nada fácil assimilar tudo isso, eu demorei para entender a importância de cada uma daquelas etapas, pois, no primeiro momento, achava que a única coisa que importava era vender tudo e o mais rápido possível.

Mas no comércio de varejo não é bem assim, você precisa atender cada cliente de uma maneira única, mesmo aquele que não compra ou que não encontra o que quer; precisa satisfazê-lo mesmo sem vender. Esta foi a lição mais nobre que já aprendi na vida: "Satisfazer quem não está satisfeito".

Vamos entender melhor cada tópico:

1º Ambiente bonito e organizado

O primeiro contato do cliente é visual, de longe ele observa através de uma visão panorâmica e, pode acreditar, ele percebe a distância se o lugar é bem cuidado. Tudo deve estar sempre em seu devido lugar. Hoje em dia a maioria das empresas adota programas para isso, por exemplo, o 5S:

DENOMINAÇÃO		CONCEITO	OBJETIVO PARTICULAR
Português	**Japonês**		
Utilização	整理, *Seiri*	Separar o necessário do desnecessário	Eliminar do espaço de trabalho o que seja inútil
Organização	整頓, *Seiton*	Colocar cada coisa em seu devido lugar	Organizar o espaço de trabalho de forma eficaz
Limpeza	清掃, *Seisō*	Limpar e cuidar do ambiente de trabalho	Melhorar o nível de limpeza
Higiene	清潔, *Seiketsu*	Criar normas/ standards	Criar normas claras para triagem/ arrumação/ limpeza
Disciplina	躾, *Shitsuke*	Todos ajudam	Incentivar melhoria contínua

No meu caso, era posicionar todos os produtos nas gondolas e divisórias de vidro da melhor maneira possível, onde tudo ficasse à vista do cliente, onde nenhuma caixa estivesse fora do lugar, papéis espalhados pelo balcão, jamais, canetas jogadas ou amarradas para não sumir, era tudo bem separado e colocado estrategicamente para o cliente, e não para ficar mais fácil para mim. Quando o objetivo principal é claro, construímos um ambiente bonito e organizado para tal: nesse caso, eles precisavam ver rapidamente todos os produtos, escolher e comprar com muita rapidez, pois sempre chegavam em cima da hora e não queriam perder nem os *trailers*.

Hoje me arrisco a criar o meu próprio programa "5S", que eu chamo de "Ésses" do Sucesso, que são:

1º S = Sabedoria: não é o mesmo que conhecimento, pois o conhecimento técnico se adquire com estudo e experiências, precisa ser sábio com suas atitudes, e para tanto, precisa-se compreender os valores morais e éticos que regem a nossa consciência, pois a única capaz de nos julgar é ela mesmo, a nossa consciência moral.

2º S = Sustentabilidade: manter as boas relações, equilibrar custos, entradas e saídas, e ainda sem agressão ao meio, seja ele o ambiente em que vivemos ou principalmente as relações interpessoais, pois sustentar um ambiente harmonioso requer compreensão das relações humanas.

3º S = Sensibilidade: estar sempre atento às necessidades do cliente, ambiente ou colegas de trabalho, porém com o olhar e sentimento de empatia, em que de fato, nos colocamos no lugar do outro, para ser útil e eficaz na possibilidade de solucionar um problema e/ou criar uma estratégia impactante, estendendo a mão sempre antes de julgar.

4º S = Seriedade: disciplina e foco só serão alcançados se todos entenderem que ambiente de trabalho não é local para brincadeiras fora de hora, o que não quer dizer ambiente carregado. Podemos ser sérios e felizes ao mesmo tempo. Local de trabalho pode e deve ser prazeroso, o que não cabe nele são distrações, por isso, atenção em tempo integral sem perder o foco no que realmente importa.

5º S = Satisfação: bater as metas, aumentar a produtividade, alcançar o lucro desejado, tudo isso nos traz reconhecimento e orgulho. Mas a satisfação plena vem quando é alcançada com a satisfação de todos os envolvidos, desde a pessoa mais humilde até o cliente mais importante, e o bem-estar comum se torna rotina no ambiente de trabalho. Harmonia é a palavra de ordem e equilíbrio é a meta comportamental diária.

Meu pai ficava encarregado do layout, ele estava sempre colocando um adesivo diferente, um painel com imagens de filmes de sucesso, em sua maioria de ação e de atores famosos, pois chamava a atenção e as pessoas muitas vezes se aproximavam para ver o painel mais de perto e no fim acabavam comprando alguma coisa. Ele pensava sempre em oportunidades, sempre em somar, em multiplicar interesses, e o principal, que fosse bom para todos. Por isso, colocar tudo em seu devido lugar não é um "toque", mas estratégia organizacional para vários fins:

- Agilizar a venda, pois, se tudo estiver no lugar certo, não se perde tempo.
- Apresentação do ambiente, tudo organizado demonstra cuidados e boas práticas, isso gera credibilidade.
- Detalhes são fundamentais para gerar bom comportamento, pois as pessoas percebem quando tudo foi pensado e posicionado com um objetivo. Isso transforma coisas simples em identidade visual do local e imagem e semelhança das pessoas que trabalham ali, e tratando-se de produtos alimentícios, isso é fundamental.

No item beleza, percebi que não se tratava dos móveis ou doces, mas sim da maneira em que eu cuidava deles, da sua organização, pois muitas vezes eu me deparava com pouca mercadoria, mas em vez de ficar reclamando ou deixar uma gondola cheia e a outra vazia, eu me preocupava em redistribuir os produtos, espaçar um grande e um pequeno, colocar os mais vistosos na frente, pôr caixas fechadas, muitas vezes estavam vazias, mas que faziam volume e completavam os espaços deixados pela falta de mercadorias. Claro que sempre tem aqueles produtos que vendem mais, na época eram as balas Azedinha e Soft, Chita de

Abacaxi, Sete Belo de morango, e os chocolates de promoção como os pirulitos Zorro e guarda-chuvinha; havia ainda os chocolates Surpresa (que vendiam muito pelos encartes de bichos que vinham dentro e que as pessoas colecionavam) e os cigarretes da PAN (aqueles que imitavam cigarros), porém eram os mais caros e com as menores margens de lucro, dessa forma, a meta era tentar vender os outros em grandes escalas, mas não era nada fácil. Foi esse um dos motivos da criação dos combos, pois neles colocávamos, além dos que mais vendiam, os menos expressivos, e no valor agregado as metas eram conquistadas. Hoje em dia, são chamados de mix de produtos ou mix de vendas pelos vendedores e empresas especializadas, que controlam muito de perto todos os índices e resultados em tempo real, graças à era online. Mas na época, nada mais eram do que soluções baseadas na experiência, *feeling* e principalmente perspicácia daquele líder nato.

2º Tudo muito limpo

Estar tudo muito limpo não era uma opção, mas sim uma obrigação, porém não uma imposta por meu pai, mas algo que percebi com os resultados. Quando algo estava errado, sujo ou simplesmente por fazer, as vendas caíam, mas quando tudo estava impecável eram os dias de melhores vendas. Comecei a perceber isso aos poucos, e na verdade não era tão agradável aceitar isso, pois qual criança naquela idade iria gostar de ficar limpando vidros? E tinham muitos vidros naquela bomboniere. Às vezes as balas e doces derretiam com o calor, crianças colocavam o dedo para apontar qual queriam, até hoje educo meus filhos a não colocar os dedos nas vitrines das lojas, pois sei exatamente o quanto dá trabalho para limpar, ou seja, não se tratava de limpar apenas antes ou depois do expediente, mas sempre e a todo momento. Algumas vezes, as pessoas que estavam sentadas na sala de espera vinham comprar mesmo sem tanta vontade, mas se justificavam, dizendo:

— Você é tão caprichoso que me deu vontade de chupar uma bala!

Não era apenas a limpeza que agradava, mas a dedicação e a verdadeira importância que se dá a cada detalhe do seu ambiente de trabalho. Atender bem é um conjunto de atitudes que vão além da simpatia, na verdade chama-se empatia, é saber ouvir as necessidades e tentar mesmo resolvê-las, pois será bom para ambas as partes.

3º Padrão de atendimento único para todos os clientes

Quando se trabalha com vendas no varejo, toda venda promove uma satisfação, sentimento de grandeza, de dever cumprido. Mas sentimento forte mesmo era vender nos momentos difíceis, quando não se tinha muita mercadoria à disposição, quando não se tinha os produtos famosos, aqueles que se vendem sozinhos. Dessa forma, comecei a perceber que quando eu estava desmotivado por algum desses problemas, ou quando eu não estava concentrado e aplicado em cativar as pessoas, eram os piores resultados que conquistava. Assim, comecei a me esforçar ao máximo para sempre estar bem, feliz e principalmente entusiasmado. Independentemente do que estava acontecendo nos bastidores, era parte do meu trabalho atender bem, mas acredito que se relacionar bem com estranhos é um dom, visto quando se vende algo para conhecidos tudo se torna mais informal, porém para estranhos, a sua imagem é a principal ferramenta. É preciso estar sempre bem arrumado, com uniforme limpo e ajustado no corpo, pois em algumas empresas o uniforme é maior ou menor que o funcionário; cabelo curto ou bem preso; barba bem-feita; cuidado com acessórios, brincos exagerados, pulseiras soltas, enfim, tudo dentro dos conformes. O próximo passo era a abordagem: primeiro sorrir, segundo cumprimentar, terceiro ouvir, para depois oferecer. Quantas vezes saímos de dentro das lojas dos shoppings e o vendedor vem nos abordar sem antes termos nos manifestado? Pois quando você demonstra uma imagem agradável, uma recepção amigável, o cliente se manifesta, seja para elogiar ou para retribuir o que você proporcionou. Nessa hora, você aciona um tal de neurônio espelho — se você sorri, o cliente sorri também — e dali para frente basta ter o produto disponível que as vendas estão garantidas. Mais um detalhe de extrema importância é a despedida; às vezes outros clientes chegam no meio daquele processo e é necessário ter habilidade para não embolar tudo. Calma e muita organização são primordiais nessas horas, sempre priorize finalizar bem aquele que você atendeu primeiro, pois o próximo logo em seguida, mesmo que espere um pouco mais, receberá o mesmo tratamento ou até melhor por ter esperado. Tudo isso dita o ritmo bom de vendas, traz mais motivação ao vendedor. Hoje em muitas lojas os vendedores levam as sacolas dos clientes até a porta da loja, pois entendem a importância de finalizar um atendimento. Mesmo que o cliente não compre, é imprescindível começar bem e terminar bem, pois dessa forma o cliente volta, além de sempre levar uma ótima impressão do lugar e do atendimento, podendo indicar o estabelecimento a outras pessoas mesmo sem ter efetuado a compra, mas apenas pela boa impressão que levou do lugar.

4º Recursos estruturados

Além das etapas anteriores, para se concretizar bons negócios é de extrema importância analisar os recursos que temos para promover o suporte que se faz necessário para cada segmento e ambiente de trabalho. No meu caso naquela época os recursos eram simples, mas poderemos fazer ótimos comparativos com os dias de hoje, por exemplo: eu precisava de muitas moedas para troco, pois as mercadorias eram relativamente baratas e as pessoas não vão para um ambiente glamoroso, na época, ir ao cinema era sinal de muito status, com moedas no bolso, portanto, eu precisava percorrer o comércio local durante o dia para conseguir um estoque de moedas satisfatório para os trocos, pois meu pai havia me orientado a não voltar o troco em balas, como ainda é feito hoje em dia em alguns estabelecimentos. Confesso que no começo fiquei meio revoltado, pois seria muito mais fácil voltar o troco em balas do que gastar horas tentando encontrar alguém disposto a trocar cédulas por moedas. Mais uma vez eu estava errado, aquele líder nato nunca pensava pequeno: enquanto eu via apenas uma regra de cordialidade ele via uma estratégia de vendas indiretas. Vou explicar: quando eu voltava aquele monte de moedas de baixo valor de troco, o que as pessoas faziam? Imediatamente falavam: "Não vou levar tudo isso de moedas no bolso", e acabavam comprando mais para se livrar das moedas. Se fôssemos trazer esse exemplo para os dias atuais, poderíamos relacionar com as máquinas de cartão de crédito, que muitos estabelecimentos adquirem para facilitar as vendas, mas sem se estruturar bem para isso. Se não adquirir um bom sinal de internet, se a quantidade de máquinas não for suficiente, ter algumas de reserva para eventuais problemas técnicos, e não houver máquinas sem fio, será muito difícil evitar a frase: "Pagar com cartão, só no caixa".

Se a intenção é facilitar, então facilite, não complique e siga a principal lição: não mostre que fez mais ou menos, faça direito e esteja no controle sempre. Mesmo que a ação seja imposta para facilitar o seu funcionamento, o cliente precisa visualizar que a ação foi imposta para facilitar o movimento dele e não do estabelecimento, pois ele é o verdadeiro motivo, ele é o seu maior marketing. O cliente não tem sempre razão, ele é a única razão.

5º Valor agregado

Como já falamos, as balas eram o carro-chefe, mesmo os chicletes sendo os mais procurados. Mas por que investir mais nas balas e não nos chicletes? Mais uma aula de gestão de negócio. Quando questionei o patrão (meu pai) sobre isso, a resposta me doeu um pouco, pois ele me fez refletir, me fazendo outra pergunta:

— Qual é o nosso principal negócio aqui?

Eu respondi rápido e muito confiante:

— Vender doces?

Ele, mais rápido ainda, mudou o tom de voz para responder:

— Não, nosso negócio é proporcionar e promover entretenimento de alta qualidade.

Ou seja, não era o baleiro, mas sim, a sala lotada o nosso principal objetivo. Ok, mas o que o chiclete tem a ver com isso?

Muita coisa, pois o que as pessoas faziam ou ainda fazem quando acaba o açúcar da goma de mascar?

Sim, grudam embaixo da cadeira — isso na melhor das opções, pois já tivemos caso de meninas com cabelos longos reclamando que alguém jogou chiclete em seus cabelos; imaginem se fosse hoje em dia, processo de corresponsabilidade na certa.

Pois bem, para evitar esses constrangimentos era muito melhor vender coisas que as pessoas engolissem. No caso, tudo, menos gomas de mascar, mesmo sendo altamente lucrativas e atraentes, porém com consequências que poderiam ser desastrosas.

A lição aprendida foi que, para ter lucro mesmo, precisa-se que o objetivo maior esteja claro para todos, que a rede funcione em cadeia e a cadeia funcione em teia, ou seja, "interdependência", onde todos cuidam de todos e de tudo. Não basta apenas se preocupar com o seu setor, é preciso gerar um mecanismo com começo, meio e fim, controlado e dentro dos padrões de qualidade previamente planejados e esperados.

6º Metas claras e bem definidas

Com certeza não havia recompensa maior do que conseguir vender o que era mais difícil, pois produto bom ou promocional se vendiam sozinhos, difícil era desovar os que vinham na cota. Lembram-se das cotas? Na época, para comprar os produtos da moda, havia a necessidade de comprar lotes fechados, as cotas ou mix de produtoss, e nesses vinha uma variedade enorme de balas, doces, chocolates, pirulitos etc., ou seja, nem tudo era fácil de vender e, por isso, sempre necessitava-se de uma melhoria, uma nova estratégia, promoção. Foi aí que entendi a diferença entre promoção e liquidação. Promoção é quando você promove a venda de um produto, com marketing, ações de divulgação, propagandas indiretas, exposições diferenciadas e outras; já liquidação é quando se diminui os preços, queima o estoque, às vezes até toma-se prejuízo. Mas a ideia nesse caso era conciliar as duas coisas, ou seja, promover os produtos de difícil aceitação e liquidá-los sem prejuízo e, melhor ainda, com lucro daquele determinado produto.

Acredito que o ser humano se motiva em dois momentos nesse processo de vendas:

1º) **Satisfação:** aquele sentimento de conquista, de dever cumprido por ter vendido.

2º) **Medo:** aquele desafio perante a dificuldade, sentimento de dúvida, mas com a possibilidade de vitória, "vendas".

O problema é que entre eles tem uma tal de "zona de conforto", que não combina em nada com sucesso. A ZC (Zona de Conforto) procura te colocar sempre distante das suas conquistas, pois quando não se está comprometido com o todo, o funcionário se acomoda e se defende com frases prontas, do tipo:

- “Eu fiz o que estava programado.”
- “O movimento estava fraco.”
- “A crise está geral.”

ZC = DESCULPAS + PREGUIÇA = **FRACASSO**

Versus

PROATIVIDADE = DISPOSIÇÃO + MOVIMENTAÇÃO = **SUCESSO**

Se você se esconder atrás das desculpas, os problemas e dificuldades se tornarão um monstro invencível, mas se você se movimentar em busca de novas possibilidades, pedir ajuda, se unir a pessoas que também querem vencer, estudar sobre o assunto, buscar recursos internos e externos, souber trabalhar em equipe e, principalmente, tiver disposição para tudo isso, pode ter certeza, as soluções virão. Foi assim que Einstein citou na Teoria da Instabilidade:

“Se você subir numa bicicleta e ficar parado tentando se equilibrar, com certeza irá cair, mas se subir e pedalar, conseguirá se equilibrar”.

7º Funcionário satisfeito é funcionário feliz

Enfim, chegamos na hora boa: após seguir todos os passos, executando tudo o que foi planejado, vinha a recompensa — imagino que estão pensando em quanto eu ganharia, qual seria a minha comissão. Mais uma vez, ele entrava em ação, o líder nato, pois o valor do meu salário já havia sido estipulado no ato da minha contratação, assim como todas as exigências e necessidades daquela função, ou seja, combinado não é caro. Mas então qual era o prêmio pelos meus esforços extras, meus vidros limpos, meu estoque de moedas de troco, o mix de vendas? Onde estava? Estava sempre no futuro; o meu sonho não era ser baleiro, era ser dono do cinema. Sabendo disso, meu pai me motivava com a única estratégia que promove retenção e motivação de qualquer funcionário no mundo; ela se chama plano de carreira. Sempre que eu fechava o mês com bons resultados, tinha direito a conhecer, estagiar, outro setor da empresa, podendo assim me aprofundar, ganhar experiência e me preparar para um dia assumir os negócios. Acredito fielmente que essa seja a melhor das motivações, saber que você pode mais, crescer na empresa, aprender outras funções, subir de cargo e, por que não, LIDERAR. Não cometa um erro clássico, frases prontas e percepções distorcidas de negócio, como aqueles proprietários que recebem um treinamento de gestão e ao final se desculpam com as frases: "Acho interessante, mas a nossa realidade é diferente"; "Isso só dá certo para as grandes empresas, nós somos apenas uma empresa familiar"; "Não estou preparado para esses gastos agora".

Ou seja, eles não conhecem suas forças e não sabem diferenciar gastos de investimentos. Na verdade, se sentem bem acomodados, pois muitos são felizes na zona de conforto, nem todos têm aptidões para crescer, porém aqueles que estão infelizes na ZC precisam se mexer, necessitam de novos ares, reciclagens, novos cursos, novos investimentos, enfim, buscar novas possibilidades. Também não podemos afirmar que não existem pessoas felizes na ZC, com certeza há empresários que se sentem satisfeitos se a empresa ou negócio apenas der lucro, mesmo que não seja do jeito que eles gostariam; para esse perfil, os fins justificam os meios, ou seja, mais uma vez estamos falando de escolhas, ideais, missão e valores. Estamos falando de virtudes e defeitos, falhas e acertos, entusiasmo e marasmo, porém, deixando clara a importância do livre arbítrio. Nada que é forçado ou obrigado resultará em plenitude, em satisfação, e o grande problema é que muitas vezes ainda não temos maturidade suficiente para fazer essas escolhas, e acabamos aceitando ou simplesmente nos submetendo a fazer sem querer. Portanto, quanto mais cedo encontrarmos a verdadeira missão, o que de fato traz prazer, mais cedo proporcionaremos prazer a todos que estão em volta, e como sempre ouvimos, a vida é uma via de mão dupla, tudo que vai, volta. Posso até me arriscar em afirmar que ainda volta mais forte; quando somos gentis, a gentileza volta em dobro, sendo educados, a educação é expandida em nossa volta; quando fazemos bem feito, os bons resultados estão sempre nos acompanhando. Como ouvi uma vez em uma entrevista do nosso ídolo eterno Ayrton Senna, após mais uma vitória na chuva: "Quanto mais eu piloto na chuva, mais rápido eu fico quando ela para".

Ou seja, quanto mais procuramos nos sobressair nos momentos difíceis, mais prazer teremos em continuar nos doando em prol dos acertos. Enfim, quanto mais procurarmos momentos felizes, lugares agradáveis, ambientes seguros e confortáveis, pessoas agradáveis, e é claro, formos essas pessoas, não tenho dúvida alguma, a felicidade estará presente nesse ciclo.

2

O COMEÇO DO FIM

Líder frustrado

Esse filme de sucesso não durou muito na minha vida. Foram mais ou menos cinco anos, pois comecei com praticamente 10 anos de idade em 1984 e fui até 1989. Mas como assim? Será que não aguentei o tranco? Nada disso, tivemos grandes momentos, consegui atuar na bilheteria e também em alguns filmes, quando a censura permitia, na sala de projeção, mas o que nenhum proprietário de cinema daquela época contava era com uma concorrência tão nova e tão forte que estava chegando, um tal de videocassete. Veio como um tsunami, lembro como se fosse hoje, meus amigos de escola me falando:

— Não preciso ir mais ao cinema, pois agora meu pai comprou um videocassete e posso assistir aos filmes quantas vezes eu quiser.

Era algo surreal, uma novidade incrível e completamente inesperada, mas os donos de cinema não acreditavam nessa força, pois, como estavam acostumados com as vitórias, já tinham várias desculpas prontas, do tipo:

— O aparelho já é caro e as fitas, ainda mais.

— Quem vai trocar uma tela gigante, com som estéreo, por 20 polegadas de uma TV?

— As fitas só são vendidas nas grandes cidades, quem é do interior continuará indo ao cinema.

Meu pai estava entre eles, é verdade que muito mais preocupado, pois absorvia mais fácil as mudanças e acreditava que, mais tempo ou menos tempo, essa nova tecnologia iria chegar, ele sempre dava os exemplos da televisão e do telefone. Imagina se ele estivesse vivo para ver o que um *smartphone* pode fazer hoje em dia.

Mesmo assim, ele não escapou, começou a fechar uma sala atrás da outra, os cinemas estavam vazios, muitos ricos empresários quebraram, inclusive nós, ficamos apenas com um cinema, o da nossa cidade natal, e como eram muitos funcionários para demitir e indenizar, o rombo foi bem maior do que esperávamos. Quer saber o primeiro aprendizado que tive com essa crise?

"Nunca deposite a produção de todos os seus ovos em uma única galinha."

Essa foi a maior falha daquele líder tão atento e à frente do seu tempo. Nos momentos de fartura, continuamos investindo apenas nos cinemas, não diversificamos, não buscamos novidades, quem sabe não fôssemos tão atentos quanto imaginávamos ser, não olhamos para o mundo exterior como ele deve ser olhado, podemos até dizer que a zona de conforto nos pegou. Mesmo com todas as qualidades já ressaltadas anteriormente, nós, seres humanos, buscamos sempre economizar energia, é fisiológico e até mesmo natural, o nosso cérebro busca diariamente e a todo momento economizar energia, porém o mundo dos negócios não perdoa, muito menos permite isso, ele não distingue ninguém e sempre será implacável com o comodismo. Para mim, foi um golpe muito forte a queda dos cinemas, pois cresci nesse mundo, cresci vendo o meu ídolo delirar com os desafios e conquistas, eu queria ser como ele em todos os aspectos, e naquele momento de crise eu não estava preparado para o fracasso. Mas, novamente, sou eternamente grato ao meu mestre, pois ele não se abateu; sofreu, sim, e muito, pois dedicou metade de sua vida àquele ramo, mas bola pra frente, pois as contas continuarão a chegar, é preciso sacudir para se levantar novamente. E essa lição marcou muito a minha vida, pois enquanto todos estavam desesperados e sem rumo, o nosso líder estava ainda mais focado, determinado a encontrar uma solução ou, pelo menos, um novo caminho.

Certa vez, vi meu pai sozinho de madrugada sentado na cozinha da nossa casa, olhando para o nada, parecia que havia sido abduzido, fiquei até com medo de falar com ele, mas me aproximei e perguntei:

— Está tudo bem?

Ele me olhou fundo nos olhos por alguns minutos e disse.

— Precisamos sofrer um pouco, às vezes isso é bom para não nos acostumarmos demais com tantas regalias, e parar um instante para dar o valor necessário aos dias felizes.

Confesso que naquele dia não entendi muito bem, pois eu não estava sofrendo como ele, e só quem sofre por algo grande é que tem essa noção. Mas ele completou a frase:

— Temos que tirar proveito de tudo isso.

E aí o líder voltou ao comando, aproveitou a febre do videocassete e montou na sala de espera do cinema, é isso mesmo, na sala de espera do cinema, uma locadora de filmes. Era muita ousadia, não era? Para ele, não, era aproveitar a onda e surfar nela, inverter os papéis, tirar mais um coelho da cartola, pois é isso que todos esperam dos líderes, iniciativa, ousadia e proatividade.

Começamos assim uma nova era, mas dessa vez sem extravagâncias, até porque não se tinha nenhum capital, e para recomeçar tivemos que nos adaptar a uma nova vida. Tínhamos acabado de nos mudar para uma casa nova, que ficamos quase nove anos construindo, sim, nove anos, pois como se ganhava muito com os cinemas, construímos devagar e com tudo que tinha de melhor, mas a crise chegou no final da obra. Mesmo assim, para sair do aluguel, nos mudamos ainda sem o acabamento da casa, com alguns cômodos ainda por terminar, sem nenhum móvel novo, mas devagar iríamos reagindo. Sabe qual foi a lição? Você deve estar pensando em sofrimento. Que nada, nos unimos ainda mais com isso, dormíamos todos num único quarto, o meu pai não precisava mais viajar tanto e cada vez mais estávamos mais fortes e mais felizes, aprendi naquele momento de crise que o dinheiro não compra felicidade. Mas pode dar mais conforto, é verdade, e foi assim que meu pai começou com as reuniões familiares para decidir sobre o nosso futuro, ele fazia questão que todos participassem e opinassem, todos mesmo, minha mãe, eu com 12 anos, meu irmão com 10 e minha irmã com 8, todos davam ideias e sugestões. Sabe um tal de *brainstorming* (tempestade de ideias)? É, ele já fazia isso, e muitas decisões foram tomadas ali.

Lembro-me como se fosse agora, em uma dessas reuniões ele nos disse:

— Vou ensinar vocês a escovarem os dentes.

Todos rimos, mas rapidamente percebemos que era sério. E ele começou, pegou um tubo de pasta de dente e perguntou:

— Por que vocês apertam no meio?

Nós respondemos em coro:

— Porque sai mais e é mais fácil!

Então, com aquele sorriso de sempre, o mestre continuou.

— A partir de agora, vamos começar a apertar no final do tubo, mas apertar pouco, para sair pouco, pois muito flúor faz mal à saúde dos dentes e ao nosso bolso, precisaremos economizar nos mínimos hábitos, evitar todo e qualquer desperdício, cortar tudo o que seja supérfluo e economizar ao máximo, porque precisaremos levantar um capital para o nosso novo negócio.

Estava ali instalada uma gestão da crise. Hoje em dia, contratam-se consultores, mentores, *coaches* para isso, mas lá em casa tinha tudo isso junto. Ouvimos tudo com muita atenção. Mas de repente minha irmã de 8 anos perguntou:

— Pai, você falou em novo negócio, mas acabamos de abrir a locadora.

Ele respondeu rápido.

— Depender de apenas uma galinha, já vimos que não deu certo, então irei montar mais um negócio para complementar a renda e tentarmos reagir mais rápido a essa crise.

Aí foi a vez do meu irmão, que sempre teve um faro aguçado para os negócios, perguntar:

— Mas qual negócio será esse?

Veio então mais uma surpresa, ele olhou para todos nós no fundo de nossos olhos e disse:

— Vamos decidir juntos e agora.

Nesse momento, minha mãe quase caiu para trás. Como assim, decidir algo tão sério num final de semana e dentro do banheiro, é muita loucura, não? Para ele, não era, pois sempre defendeu que para tomar decisões criativas precisa-se estar longe do problema ou dos problemas, estar com a mente livre e limpa, para deixar as ideias surgirem, porém, não se pode perder o foco e o controle, e por isso os mediadores são tão importantes, sejam eles internos, coordenadores, gerentes, diretores ou externos, consultores, mentores, *coaches* ou até auditores. No nosso caso, o meu pai representava todos eles.

E sem pestanejar ele começou, olhou para minha irmã e perguntou:

— O que você mais gosta de fazer?

Ela respondeu rápido:

— Amo dançar, quero ser bailarina.

— Meu amor, é uma ótima profissão, e com certeza você será uma excelente bailarina, mas infelizmente agora não teremos capital para abrir uma escola de dança e nem você tem idade ainda para ser professora.

E nesse momento ele olhou para mim e para o meu irmão e disse:

— E vocês?

Meu irmão, apesar de mais novo, sempre foi mais rápido do que eu, e prontamente respondeu:

— Quero ser peão boiadeiro e mexer com gado.

Acho que essa resposta nos pegou um pouco de surpresa, pois meu irmão era mais dos esportes radicais, o que no futuro veio a fazer, se tornou piloto de motocross, mas meu pai rapidamente respondeu:

— Outra excelente profissão, mas também nos faltará capital neste momento.

Chegou a minha vez, e falei, cheio de entusiasmo:

— Quero ser jogador de futebol.

— Pode ser que você também tenha sucesso nessa carreira, mas irá demorar para termos retorno com ela, e nesse momento, estamos precisando de uma solução rápida e sem grandes investimentos — completou o mestre.

Foi aí que nossa vida mudou, pois minha mãe, havia se tornado a maior fonte de renda da nossa casa, era professora do primário da escola pública, na verdade das melhores escolas, pois não haviam as particulares ainda. Ela era, e ainda é, muito respeitada e conhecida em nossa cidade, pois sempre foi extremamente ética e profissional em sua carreira, além de querida pelo sorriso fácil e alegria contagiante. Nesse momento, ela, a mãe de todos, a pessoa que sempre concordava com tudo, que passava a mão em nossas cabeças, que muitas vezes não se manifestava, falou alto:

— Pera aí... E eu, não vai perguntar pra mim?

O silêncio pairou por alguns segundos, todos nós pasmos e com olhos arregalados, e ela continuou:

— Eu adoro cozinhar, principalmente doces, e acho que faço um ótimo arroz-doce.

Só para registrar, ela realmente faz o melhor arroz-doce do mundo.

Novamente o silêncio pairou, agora um pouco mais longo...

De repente, começamos a salivar, e todos falamos juntos "o arroz-doce da mãe é muito bom, mesmo", e mais que depressa, o líder nato se pronunciou:

— Tá decidido, vamos abrir uma doceria.

3

LUZ NO FIM DO TÚNEL

Líder motivado

Após a nossa reunião familiar semanal, começamos a planejar a nova empresa da família, pois a locadora não ia bem. Era uma forma de apagar o incêndio causado pela quebra dos cinemas, mas o foco de calor ainda estava lá, e precisava ser controlado.

Começamos então pela melhor parte, o cardápio. Minha mãe era dona da melhor receita de arroz-doce, minha avó materna entrava com os doces típicos, abóbora, ambrosia, doce de leite, pé-de-moleque, coalhada e tantos outros, minha tia ficou com os bolos, e nós, com a degustação. Enquanto acertávamos essa parte boa, o nosso exemplo de liderança estava na rua, capturando recursos e abrindo novas possibilidades, pois estava procurando o imóvel para locar, mas, como já devem ter imaginado, ele havia imposto várias condições e pré-requisitos:

1. **Boa localização:** precisava ser perto da praça central da cidade, lugar de maior fluxo, pois era lá que os ônibus paravam, vindo dos bairros, trazendo muitos clientes em potencial.
2. **Pouco espaço:** precisava ser pequeno, isso mesmo, pois, como não tínhamos capital inicial, necessitávamos de um local bem localizado, porém pequeno, pois não contrataríamos funcionários. Iríamos nos revezar, ou seja, negócio de família. Esse era o ponto mais extraordinário da visão do nosso mentor; ele já tinha a estratégia de venda definida, e dizia assim:

— Precisa ser um lugar pequeno, para que as pessoas não fiquem comendo lá, quero que elas comprem e levem para comer em suas casas ou até mesmo na praça, assim vamos ter mais giro.

Mas a frase de que eu mais gostava era:

— Além do que, como o lugar será pequeno, sempre dará a impressão que está cheio, e gente chama gente.

Sensacional, estava ali criado o *drive-thru* a pé, era muita visão de negócio, raciocínio objetivo e claro. Acredito que uma das grandes falhas dos líderes de hoje em dia é a dificuldade de se expressar, não estou falando de oratória, e sim de clareza de raciocínio, que faz com que rapidamente seus liderados assimilem a estratégia e a realizem através dos seus recursos e seus próprios conhecimentos, *expertise*.

1. **Custo fixo:** precisava ser barato, nem preciso explicar o porquê.
2. **Parceria de confiança:** precisava ser de uma pessoa conhecida, pois teria que confiar o pagamento para alguém que estava com muitas dívidas, e isso não seria nada fácil, assim como não foi.

Foram semanas procurando e, a cada dia que passava, mais difícil a situação ficava, mas Deus ajuda quem cedo madruga, e aquela história de cidade pequena: fala com um, fala com outro, o outro fala com aquele e a notícia se espalha. Dessa forma, um amigo distante, que hoje é amigo de toda a família, nos disse:

— Tem um quartinho de depósito no fundo da minha farmácia, e a parede dos fundos dá para a rua Direita.

"Rua Direita" é até hoje o apelido da principal rua de comércio da minha cidade natal e quase esquina com a praça central. O dono era um senhor idoso e muito conservador, mas que conhecia todos na cidade, resumindo, negócio fechado e mãos apertadas.

Alugamos o tal quartinho da bagunça, que media exatos 6x4, isso mesmo, 24 metros quadrados, estávamos procurando nessas condições, não era? Então, quem procura acha, basta saber buscar e, é claro, ter bom relacionamento com a sociedade, pois esse é o primeiro requisito para ser um comerciante de cidade pequena, ser bem quisto, ou você nunca ouviu a frase: "O produto dele é melhor, mas o dono é muito chato". Ou então: "Não abasteço naquele posto mesmo sendo mais barato, pois os frentistas são muito relaxados". Coisas que parecem apenas de cidade pequena, mas hoje com a multiplicação imediata de fofocas digitais, devemos nos preocupar ainda mais com esse tipo de fama.

Assim, fizemos uma reforma simples, ganhamos uma porta de madeira e vidro antiga, alguns revestimentos de modelos variados, os arquitetos hoje chamam de mosaico, e tudo o que pudemos economizar na infraestrutura civil foi economizado, pois o pouquinho de dinheiro que levantamos com a venda do carro da família seria investido nas geladeiras, freezers, balcões e todos os utensílios de que necessitaríamos.

Ficou tudo pronto em tempo recorde, pois corríamos contra ele, havíamos conseguido passar o cinema, isso mesmo, passar, pois simplesmente entregamos de graça para um empresário da capital — é, mais ou menos de graça, o acordo era que ele assumisse as últimas dívidas que ainda tínhamos lá e honrasse com os compromissos com nossos funcionários remanescentes. Mas por que tanta pressa? Lembra que a nossa locadora era dentro do cinema? Então, ela também ficou para o novo proprietário, ou seja, a nossa única fonte de renda atual havia entrado no negócio, porém estava tudo dentro do planejado, pois a primeira meta do meu pai era recomeçar sem dívidas e ainda honrar os funcionários que haviam sido leais por tantos anos, e essa foi a única forma que ele encontrou.

Dentro desse cenário, a única maneira de levantar um capital para começar no novo ramo foi vender o carro da família. Sem hesitar um único instante, o carro virou logo o nosso novo negócio.

Inauguramos sem grande glamour, pois uma das tantas teses do meu pai era que inauguração sem tudo estar pronto, sem a equipe devidamente treinada, com estoque escasso para atender uma possível grande demanda pode queimar a imagem do lugar já em seu primeiro dia. Resumindo, como não estávamos estruturados, apenas abrimos as portas num sábado qualquer. Nas geladeiras, alguns refrigerantes e água sem gás, no balcão seco, os doces caseiros da minha vó e os bolos de pão de ló da minha tia, no balcão refrigerado, os donos da festa; pudim de leite condensado e o arroz-doce da minha mãe.

Atrás do balcão, cinco funcionários. Como assim? Cinco pessoas para um local com 24 metros quadrados? Sim! Um para limpeza mais pesada, meu irmão; um para pia, copos e talheres, minha irmã; um para o caixa, meu pai; e para o atendimento, eu e minha mãe. Estava montada a equipe de inauguração da doceria Doces Caseiro. Não me perguntem por que "caseiro" não foi para o plural, mas era assim e pronto.

Nossa intenção era abrirmos junto com o comércio por volta das oito da manhã e fecharmos um pouco mais tarde, para que os funcionários de outros estabelecimentos fossem até lá após o seu expediente, mas não deu tempo: o sucesso dos doces foi tanto que antes do almoço já não tínhamos mais nada para vender, foi algo inimaginável, uma sensação tão boa e prazerosa que, eu posso garantir, vicia. Essa sensação de missão cumprida, de reconhecimento, de sucesso, vicia com uma velocidade incrível, acredito ser por isso que os empresários e empreendedores de sucesso nunca se aquietam, estão sempre envolvidos com novos projetos, com novos sonhos, pois o que os move de verdade é uma palavra chamada realização.

Realizar, mesmo que seja por necessidade, como era nosso caso naquele momento, sempre traz esse sentimento de orgulho e plenitude, é como passar na prova do vestibular mais concorrido, ser aceito no primeiro emprego, até mesmo receber um sim da garota de que sempre gostou na época de escola. É uma mistura de sentimentos retratados em seus esforços, dedicação, suor, e claro, recompensado por suas conquistas.

Porém, enquanto todos nós estávamos em êxtase, quase nas nuvens por todos esses sentimentos prazerosos, um de nós estava paralisado por outros motivos. Sim, ele mesmo, o líder nato não estava comemorando nada, pelo contrário, estava inconformado por não ter sido mais ousado; enquanto todos nós estávamos satisfeitos, ele estava frustrado.

Naquele momento, eu vi a clara diferença entre quem é comum e quem se difere do bando. Todos éramos do mesmo bando, mas apenas um tinha condições de liderar naquele momento. Quando isso é percebido pelos subordinados, a equipe se torna muito mais forte, e foi exatamente o que aconteceu. Quando eu percebi a situação, perguntei:

– E agora, chefe, o que faremos?

Após um longo silêncio, os questionamentos começaram:

– Conseguimos produzir quanto a mais por dia? Quanto tempo os doces durarão na geladeira caso não sejam vendidos? Quais foram os horários de pico? Precisaremos de mais funcionários ou daremos conta?

Enfim, checklist pós-atividade, prática comum em muitas empresas, porém ignorada por muitas também, a meu ver indispensável para todos, desde aquela empresa familiar, como a nossa, até a gigante multinacional. Trata-se de entender o que aconteceu com a maior riqueza de detalhes, ouvir todos os envolvidos, se possível, além dos clientes, parceiros e fornecedores, quando essa engrenagem maior funciona, todas as microcélulas também funcionam, pois cada setor e/ou área precisa de uma referência, dos números, das metas e, principalmente, da aceitação, seja do produto, do serviço e até mesmo dos relacionamentos.

Para os mais corporativos, podemos chamar de vários nomes: lição ponto a ponto, análise pós-venda, curva de aceitação, mas o nome que mais me atrai, sem dúvida, é "lições aprendidas".

Dessa forma, levantamos todos os números possíveis, fizemos várias pesquisas informais com aqueles mais conhecidos que haviam comprado naquele dia tão especial, enfim, continuamos o sábado a trabalhar, antes queríamos comemorar, mas após a indignação do chefe, a euforia passou e deu espaço novamente à preocupação, pois no outro dia era domingo, dia em que a doceria ficaria aberta por um longo período e em que as pessoas sempre querem uma sobremesa especial. Ou seja, se o planejamento para sábado já havia sido um fracasso, como seria no domingo?

Imediatamente, o líder nato mudou os horários de atendimento para um período menor, pelo menos para aqueles primeiros dias. Fez contatos com outras confeiteiras e até com as padarias que eram nossas concorrentes, mas que não abriam de domingo, pois também seria bom para eles não ficar com estoque parado. De novo, aparecia a relação ganha-ganha.

Líder que é líder não perde tempo lamentando nem comemorando muito, pois sabe que tudo passa, tanto os momentos ruins quanto os bons. Por isso, muitas vezes ele fica com fama de chato, pois sempre após uma conquista, a maioria quer comemorar e esquecer que existe segunda-feira, ou quer ficar chorando o que deu errado, com aquele sentimento de coitado, daquele que não fez por mal, que não merecia, quando na verdade ninguém erra querendo errar, mas na grande maioria das vezes isso tem nome, chama-se incompetência, falta de preparo, falta de recursos, treinamentos, experiência, comprometimento e por aí vai. Porém quando tudo isso é rapidamente identificado e as pessoas se unem para resolver, o caminho para o sucesso começa a ficar mais claro, ainda longe, é verdade, mas com melhor visibilidade.

Foi assim que passamos bem por aquele primeiro domingo, baixamos as expectativas e trabalhamos apenas das 11h às 18h, duas horas a menos do que o programado. Faltaram alguns doces, sim, mas dessa vez tínhamos outros para oferecer, até comemos alguns após o jantar. Lembro-me de que foi a melhor de todas as sobremesas que já comi na minha vida, não lembro nem o que era, mas hoje, mais de 25 anos depois, sinto o mesmo sabor como naquele dia, a sensação de prazer ao ver meu chefe, meu líder, meu ídolo, meu pai, feliz.

Dali para frente, cada dia era um novo aprendizado, um novo pedido ou uma nova reclamação de algum cliente — estávamos com uma enorme dificuldade de encontrar um padrão para as receitas, pois como eram cozinheiras amadoras que os faziam, nem sempre ficavam iguais, com os mesmos sabores. Como dizia minha vó:

— Dependendo do dia, eu acerto o ponto do doce.

Mais um problema para o superlíder. Enquanto todos estávamos esperando treinamentos para as cozinheiras, receitas prontas e travadas, até mesmo contratar um perfil "modelo-padrão" para que fizessem do jeito que esperávamos, veio novamente o olhar diferenciado, e a mensagem foi clara mais uma vez:

— Esse é o grande atrativo do nosso negócio, surpreender as pessoas, sempre com novidades, novos sabores. — E ainda completou. — Quanto mais mudar, melhor será.

Hoje, vejo isso acontecer com as redes sociais: por que essa febre, loucura ou até mesmo dependência por elas? É simples de responder, ninguém quer cair na rotina, e em nenhuma situação a rotina é atraente, somos movidos por estímulos, e os estímulos são movidos por novidade e desafios, por isso viciamos tão rápido em todas essas plataformas digitais: a cada milésimo de segundo, tem algo novo sendo postado, curtido, comentado e compartilhado.

A primeira motivação vem da curiosidade do novo desafio, seja ele um novo emprego, um novo projeto, uma nova cidade, enfim, o novo nos atrai.

Dessa forma, ficou muito claro para todos nós a importância da "Visão e Missão" da nossa empresa e, é claro, do nosso líder. Desde o primeiro momento estávamos pensando em lucro, pois precisávamos dele para sair da crise, mas esse tal de lucro não pode e nem consegue vir antes da missão. E no nosso caso, a visão estava clara, era nítido que éramos uma empresa familiar ao extremo, mas com um líder muito à frente do nosso tempo e experiência. Dessa forma, aprendemos a olhar com os olhos dele, sempre querendo novidades, inovações, novos desafios, e isso, se tornou um marketing para todos. Quantas vezes nos pegamos inventando receitas ou simples combinações! Você já experimentou pudim de leite condensado com sorvete de creme? Ou arroz-doce com sorvete de coco? Dentre muitas outras combinações esquisitas, a visão do empreendedor sempre é a inovação, seja nas receitas, nos produtos ou até mesmo na forma de gestão interpessoal, é assim que ele vê o futuro. Mas e a missão, não é o lucro? Não, a missão é atender as necessidades das pessoas, se você não atende bem ou sua concorrência atende melhor, pode ter certeza, o lucro não virá, por isso, o lucro é a consequência da missão bem executada, hoje em dia chamado de "Manifesto".

Quando ouvi pela primeira vez o lema do Bope, "Missão dada é missão cumprida", me veio à tona uma série de lembranças do meu pai, que não tinha nenhuma habilidade em frases de efeito ou jargões motivacionais, mas tinha na essência o poder de transformar coisas simples em metas audaciosas. Hoje entendo o porquê. É que, como sabemos, existem dois tipos de liderança, pelo poder ou pela autoridade. Muitos outros livros podem tratar desse tema com mais propriedade, mas posso aqui dar a minha contribuição vivencial.

Quando se lidera pelo poder, o medo e o sentimento de culpa estarão sempre em evidência:

— Faça isso.

— Por quê?

— Por que estou mandando, senão...

Se algo se quebra, por exemplo, a pergunta é: "Quem derrubou a peça?". Mas o correto seria: "Por que a peça caiu?".

O líder pelo poder precisa achar culpado, precisa da pressão para que as pessoas façam, e façam dentro dos prazos e ainda batendo as metas, mesmo que isso seja prejudicial à convivência e até à saúde das pessoas.

Em contrapartida temos a liderança pela autoridade, que mostra a importância do bom entendimento, que precisa que as pessoas pensem, descubram novas formas, desenvolvam novos métodos, pois a palavra de ordem é conhecimento. Quanto mais conhecedores do assunto, do produto, do mercado, da concorrência, do país, das nossas equipes, mais e mais teremos autoridade para inovar, pois não existe inovação sem conhecimento. Digo conhecimento geral e específico, precisamos de pessoas preparadas e com grande capacidade de atualização e renovação, pois aqueles que acham que já sabem o suficiente serão os primeiros a cair na tentação do poder. Autoridade não tem nada a ver com vaidade, pois para nos atualizar precisamos do quinto hábito de Stephen Covey, *Os sete hábitos das pessoas altamente eficazes,* editora BestSeller: "Compreender para ser compreendido", ou seja, ouvir mais do que falar, mas ouvir para entender de fato o que o outro precisa, e ainda ter habilidade de transformar as palavras em ações, pois oratória sem ação é igual a desmotivação.

Pronto, estava clara a missão da nossa empresa: sempre surpreender com novos sabores. E a visão era inovar, inovar, inovar a todo e qualquer momento.

Você pode estar se perguntando: mas e os valores? Pensei que nem precisaria mencionar, pois desde o primeiro parágrafo estou falando deles. Escolhi a minha família de exemplo para demonstrar que, sem valores, nada pode começar. Sempre me questiono por que as empresas precisam divulgar seus valores. Para reforçar suas regras? Para firmar seus compromissos? Ou para sanar suas dúvidas?

Para mim, os valores são como os mandamentos, não podem ser quebrados, são os ideais mais claros para a vida, são o norte, o porto seguro, as diretrizes que transcendem o lucro, aquilo que o dinheiro não é capaz de comprar. Posso até arriscar em definir em uma única palavra: HONESTIDADE. A base de todos os valores, o que para muitos também pode ser chamado de princípios ou ética, para mim, é o valor inegociável, aquele que rege as atitudes, é o valor que decide nos momentos difíceis, costumo dizer que é ele que decide quando ninguém está olhando. Quando a decisão cabe apenas a você, se porventura tiver alguma dúvida em qual caminho deverá seguir, pode ter certeza, a honestidade o guiará para o lugar certo.

Manutenção (negócio sustentável)

Estávamos indo muito bem com o nosso novo negócio. Como havíamos inaugurado em julho, no final da década de 1980, com as temperaturas muito baixas nessa época, os doces eram sempre uma excelente opção. Porém, três meses haviam passado, e quando novembro chegou, nossas vendas despencaram. Foi um calor que não estávamos esperando, não me lembro de ter feito tanto calor em nossa cidade. Ninguém estava acostumado com as temperaturas tão altas, os doces não suportavam, derretiam, ficavam feios, tortos, enfim, nossa primeira crise havia chegado.

Reunião semanal marcada, e as mesmas perguntas de sempre.

— O que vocês gostam de fazer no calor?

Para surpresa do líder nato, a resposta foi unânime:

— Tomar sorvete!

Antes que pensem que meu pai era louco em fabricar sorvete naquelas condições, lembrem-se:

- Pouco espaço.
- Sem equipamentos adequados.
- Sem funcionários especializados.
- Sem experiência no ramo.
- Sem estrutura operacional.

Muito bem, quem falou em fabricar? Estamos falando de apenas vender. Aí veio a segunda pergunta:

— Qual o sorvete mais gostoso que vocês já tomaram?

Outra resposta unânime:

— Sorvete de morango de Tatuí.

Deixe-me abrir um parêntese nesse episódio, pois precisamos entender como esse sorvete de Tatuí entrou nessa história.

O município de Tatuí está a aproximadamente 100 quilômetros da nossa cidade. Nos tornamos frequentadores semanais quando meu pai e meu tio Fernando Blóes (*em memória*) nos matricularam nas aulas de música no Conservatório Dramático e Musical de Tatuí Dr. Carlos de Campos, um dos mais respeitados do país. Sim, esses irmãos matricularam seis crianças, eu, meus dois irmãos e mais nossos três primos numa cidade a mais de 100 quilômetros de distância da nossa para aprender flauta transversal, sem que nenhum de nós houvesse despertado dom ou interesse para essa arte. Loucura? Quem sabe?

Mas a origem dessa "loucura" veio de um testamento. Meu avô paterno veio da Itália e infelizmente morreu muito jovem, mas deixou um legado para nossa cidade natal e para nossa família; ele era músico e maestro, e formou a primeira orquestra de Capão Bonito, e ainda, nos deixou como herança uma flauta transversal banhada a prata, porém, só se tornaria proprietário dessa relíquia o primeiro sucessor que aprendesse a tocá-la. Daí a loucura em nos matricular, mas tudo tinha um fundamento: os irmãos Blóes eram tão unidos, que queriam dar a mesma oportunidade para as duas famílias, assim, nada mais justo que todos entrassem juntos e compartilhassem das mesmas oportunidades, aquele famoso "que vença o melhor". E foi mesmo, dividimos dois anos de viagens semanais, lanches na praça com o sorvete de morango do Palácio dos Sorvetes de sobremesa, foi assim que o conhecemos, aulas teóricas e práticas, além do maior benefício e legado que nossos pais nos deixaram, que foi a convivência entre irmãos e primos. Somos unidos até hoje, somos padrinhos dos filhos uns dos outros, fazemos um Natal fora da data para que todos possam participar, não abrimos mão da presença nos aniversários, enfim, quem achava que era pela flauta se enganou, pois era pela família, pelo nosso futuro. Para que mais uma vez entendêssemos os valores mais importantes da vida, e no caso dos irmãos Blóes, o valor dos valores sempre foi a família. Ah... quem ficou com a flauta? Meu primo Otávio Blóes, hoje um dos nomes mais respeitados do país na música clássica e professor do conservatório no qual foi aluno; além dele, minha prima Cristiane Blóes se tornou uma referência no piano clássico, ambos tornaram-se o maior orgulho da família ao dar continuidade ao legado do nosso avô, pois sabemos que a flauta era só o instrumento (ao pé da letra), mas o verdadeiro motivo era a importância de cultivar a arte e a cultura em nossas vidas.

Mas, voltando para o desafio de trazer os sorvetes de Tatuí para Capão Bonito, após essa primeira reunião, nossas dúvidas e questionamentos eram muitos, do tipo: será que aquela sorveteria estaria disposta a revender seu produto? Será que aquele empresário que já era tão bem-sucedido em sua cidade queria expandir ainda mais seus negócios? Será que seria um bom negócio? Mesmo se todas as respostas fossem sim, o negócio ainda não estaria fechado, pois ainda teria a mais complexa das dificuldades, que era a logística com o transporte dos sorvetes.

Essa é uma resposta para o nosso capitão, e é claro, deixamos com ele. A primeira coisa a ser feita era levantar todas as possibilidades, problemas e possíveis soluções, depois afinar a estratégia comercial e resolver a logística, no caso, nosso maior desafio. Não à toa, o setor de logística é um dos segmentos corporativos que mais cresce ao redor do mundo, pois a comunicação deu um salto astronômico e promoveu com isso as facilidades das compras online, mas fazer o produto chegar até a casa dos consumidores não é tarefa simples, pois além de chegar, precisa estar em boas condições, dentro do prazo e de preferência com alguma surpresa, seja ela uma caixa que sirva de porta-treco ou até mesmo o plástico bolha para desestressar. Acredito que já perceberam o motivo do sucesso de empresas como a Amazon: elas se tornaram referência em logística e a consequência foi um aumento exponencial de vendas que nunca havia se visto antes.

Pois bem, vamos à luta. Meu pai e eu fomos designados, por ele mesmo, a irmos até a tal sorveteria em Tatuí para tentar iniciar as negociações. Podem acreditar, foi a primeira grande negociação que participei, ainda como ouvinte, é verdade, mas sem perder nenhuma vírgula; foi absolutamente incrível ver dois homens de mais ou menos 40 anos, calvos, fora de forma, baixinhos, de óculos estilo BL Caçador (armação dourada e lente esverdeada). Quando eu vi os dois juntos, logo pensei, são irmãos, e foi o que viraram: amigos, sócios e irmãos.

Mas no começo não foi bem assim, pois era até mesmo de se imaginar a desconfiança daquele empresário bem-sucedido do ramo das *gelaterias*, com um corajoso empreendedor em busca de recursos para se manter no mercado. Após ouvir longas duas horas de explicação, o empresário perguntou ao meu pai:

— Você está me dizendo que abriu uma casa de doces de 24 metros quadrados, apenas com recursos próprios (a venda de um carro), sem nenhuma expertise no ramo, com objetivo de se reestruturar financeiramente após uma grande crise, que seus funcionários são seus filhos e sua esposa, que seus fornecedores são parentes e amigos e quem decidiu que sorvete é a coisa mais gostosa do verão foram sua filha de 8 anos e seus dois filhos de 10 e 12, e ainda, de quebra, os meus sorvetes são os melhores que eles já experimentaram? Só posso dizer mais duas coisas. Primeiro: você é o empresário mais louco e corajoso que já conheci. Segundo: quero estar o máximo que puder perto dessa loucura.

Dito isso, os dois começaram a rabiscar em papéis de guardanapo as possíveis estratégias para viabilizar o negócio. Pareciam crianças tentando inventar uma nova brincadeira, pois quando se trabalha com prazer e alegria, fica leve e prazeroso. Sabe como o mundo corporativo chama isso hoje em dia? Sinergia, pois não é apenas se dar bem com as pessoas em sua volta, às vezes nem gostamos tanto delas assim, mas a causa é tão maior que queremos compartilhar, ou melhor, partilhar, queremos dividir para multiplicar, são aquelas coisas que de fato nos impulsionam a seguir em frente e a atrair adeptos a cada novo projeto.

Confesso que havíamos chegado em Tatuí muito preocupados, pois era uma ideia muito doida mesmo, como seríamos recebidos — na verdade, nem sabíamos se seríamos recebidos. Muitas dúvidas, sim, mas uma única certeza estava conosco, que era a frase clássica: "O não nós já temos, então, vamos em busca do sim". Parece até um clichê de autoajuda, mas podem acreditar, é um jeito muito fácil de seguir em frente, olhar para o sim sempre, ser otimista, porém, precisa ter cuidado para não parecer lunático demais. Acho que foi esse meio termo que fez aquele empresário acreditar no nosso potencial, pois ele viu um tanto de loucura nas propostas do meu pai, mas também viu algo raro, que é o entusiasmo em querer vencer, fazer diferente, fazer mais com menos, são ações que contagiam e provocam reflexões. Depois de algumas horas de muitas ideias o empresário me tocou no ombro e me disse:

— Se eu tivesse a força de vontade e entusiasmo do seu pai, com a estrutura que tenho, eu seria milionário.

No alto dos meus quase 13 anos, olhei para ele e perguntei:

— Mas você não é?

Hoje consigo responder o que aqueles olhos me disseram naquele dia: dinheiro, patrimônio, bens não são sinônimos de sucesso ou riqueza. O que de fato buscamos na vida é "combustível", sim, combustível propulsor de motivação, e podem ter certeza, cada um precisa encontrar o seu. Esse é o grande segredo do sucesso, encontrar o motivo. Ser feliz na trajetória e não no fim.

Quer saber mais? Sim, tem mais: esse combustível é renovável, quando você achar que o encontrou, vem a melhor parte, que é descobrir que achá-lo não significa o fim, mas apenas o começo. Já ouviram aquela frase: "A vida começa aos 40!"? Então, tem a ver com idade, sim; segundo Rudolf Steiner, filósofo, educador e antropólogo austríaco, criador da filosofia Waldorf, a vida se divide em setênios, ou seja, os ciclos se definem de sete em sete anos, nos quais devemos viver cada fase e explorá-la em sua plenitude. Posso me arriscar em resumir ou apenas dar minha visão desse estudo tão rico de Steiner, acredito que dos 0 ao 7 anos vem a primeira infância, quando descobrimento é a palavra de ordem, vemos tudo com a intensidade da primeira experiência; depois, dos 7 aos 14 vêm as experiências mais íntimas, nas quais o corpo é o nosso laboratório de transformação; dos 14 aos 21, ocorre o contato com as frustrações das primeiras perdas, muito mais afetivas do que práticas; dos 21 aos 28 vem a busca por conhecimentos, pelo encontro com a identidade técnica; dos 28 aos 35, esses conhecimentos precisam ser aplicados, o profissional formado agora precisa gerar resultados; dos 35 aos 42 parece que esses conhecimentos e experiências se tornaram ultrapassados ou até mesmo escassos, e novos conflitos e frustrações aparecem com muita energia; e a partir dos 42 vêm a maturidade e a clareza em saber o caminho, não estou falando de saber qual o caminho, mas saber aonde quer ir, por isso, a vida começa e recomeça sempre que o destino for mudado, mas a força e entusiasmo para procurar o caminho certo são a graça e motivação para viver em harmonia consigo mesmo, e, consequentemente, com as pessoas à sua volta. E depois de encontrar o caminho, os ciclos continuam a se concluírem, mas nunca se fecham, pois sempre se renovam, o que, para mim, é a graça da vida.

Ficou nítido e claro como água que naquele momento, ali na minha frente, estavam dois perfis diferentes de profissionais: o empresário conservador do ramo de sorvetes, que viveu uma vida sempre muito regrada, com os pés sempre no chão, sem nenhuma extravagância, construiu uma empresa estruturada e lucrativa, mas sempre com seus olhos atentos e braços fortes para o que viesse. Duvido muito que ele já havia tirado férias ao longo de sua jornada, pois esse perfil acredita que se ele se ausentar, os funcionários não darão conta ou até pior, poderiam trapacear, a confiança é muito difícil para ele, pois é sempre o elo principal e faz questão dessa hierarquia, também chamada de empirismo.

Em contrapartida, à sua frente estava o empreendedor visionário, que com certeza perdeu mais do que ganhou, financeiramente falando, mas conheceu muitas possibilidades e alternativas, arriscou em inúmeros projetos, e mesmo quando obteve êxito, não estava totalmente satisfeito, pois o grau de exigência era a perfeição, com certeza também nunca havia tirado longas férias, porém por outros motivos. Esse perfil não consegue ficar sem fazer nada, dificilmente se afasta de onde é produtivo, quer sempre trabalhar, pois para ele, trabalho é sinônimo de produtividade, produtividade é sinônimo de realização e realização é sinônimo de prazer e prazer é plenitude. E esse perfil inquieto também tem nome, chama-se efetividade.

Mas é claro que alguma coisa eles tinham em comum, e a cada nova frase, ideia, experiência relatada por um ou pelo outro, ficava mais aparente que nenhum dos dois perfis era soberano quando falamos em sucesso, quanto mais a conversa ficava íntima, mais eu visualizava a importância deles se unirem, pois um completava o outro. Era o empirismo se unindo com a efetividade e para equilibrar eles precisariam aguçar as qualidades da eficiência e eficácia, para que o resultado final fosse o sucesso. Afinal, sonhos e ideias visionárias somados com o alicerce estruturado das regras e metodologias aplicáveis, e ainda acompanhados da boa estrutura física, técnica e financeira, dificilmente não atingirão bons resultados. Por isso, tantas empresas se fundem hoje em dia, estamos falamos tanto em diversidade, o que não tem nada a ver com orientação sexual, cor da pele, religião ou algo assim, diversidade vem de diversos, e quanto mais misturadas forem as nossas equipes, mais possibilidades teremos, mais pares que se completam, mais grupos que divergem para o crescimento do todo. Porém, é preciso muita maturidade; para que o conflito não se torne um confronto, precisamos de líderes e não de gerentes, como alguns pensam. Hoje em dia algumas empresas em que eu presto meus serviços adotaram como valor o termo "divergências construtivas", um nome forte e que fortaleceu mais uma das inúmeras frases famosas de Mário Cortella: "Queremos o conflito para evitar o confronto". Ou seja, queremos o conflito de ideias, atitudes, pensamentos, interesses, para evitar o confronto, que pode ser um acidente de trabalho, um prejuízo financeiro ou descontentamento pessoal.

Queremos apenas o conflito de ideias, opiniões, experiências, para chegar a não apenas uma solução, mas sim a várias possibilidades, novas alternativas, e enfim, gerar novidades num mercado cada vez mais carente de criatividade. Sim, carente, pois estamos confundindo a facilidade que a nova tecnologia está nos trazendo com a criatividade que ela não pode nos dar; nós é que somos criativos, e não as máquinas, ou não fomos nós, seremos humanos, que inventamos essa tal tecnologia?

Estou falando em transformar situações que pareciam complexas numa brincadeira de criança, estou me referindo a dar soluções mais simples a problemas antigos, e não apenas necessitar de um enorme *software* desenvolvido para otimizar as tarefas, mas que, se falhar, voltaremos à estaca zero. Por isso, me refiro a soluções mais simples, que dependam mais das pessoas, que valorizem as ideias, as ações diárias. Não quero aqui remar contra a maré tecnológica do mundo moderno, pois usufruo dela como todos, mas sinceramente me preocupo com a dependência massiva.

Quando puxo pela memória aquele dia na sorveteria em Tatuí, me fortaleço ainda mais nesse conceito, pois vi, ouvi e presenciei a diversidade mais pura. Os dois perfis completamente diferentes, com trajetórias distintas e sem nenhuma influência entre eles, como num passe de mágica, se transformaram em parceiros, amigos, sócios, foi o tal "amor à primeira vista", novamente a palavra é empatia.

E após algumas horas de rabiscos nos guardanapos, tínhamos ali um leque de possibilidades, estratégias e dúvidas, por exemplo, quais os sabores eram mais vendidos em Tatuí, será que seriam os mesmos em Capão Bonito? Será que a nossa praça comportaria os mesmos valores aplicados ali? E por aí foram, desde a temperatura dos freezers, mesmo sem termos um, até o uniforme dos funcionários, enfim, tudo o que se precisava saber para vender sorvetes. Parecia que tudo estava caminhando muito bem, até o momento que o empresário conservador respirou fundo e disse:

— Até aqui, tudo lindo, mas como vamos manter a temperatura desses sorvetes por 100 quilômetros de distância?

Confesso que aqueles segundos em silêncio pareceram uma eternidade, como se não soubéssemos nem como imaginar uma resposta coerente. Mas aí veio o empreendedor audacioso, com uma das frases mais típicas que esse perfil pode falar:

— Essa parte deixa comigo, vou dar um jeito.

Já ouviram isso? Do seu chefe, do seu líder ou até mesmo do funcionário que quer se mostrar mais proativo? Com certeza, sim, mas tem uma diferença muito grande entre o oportunista, que quer apenas a chance de tentar sem ter ao menos a noção de por onde deverá começar, e daquele idealizador, que imediatamente recebe uma enxurrada de ideias e possibilidades na sua cabeça, e ainda, mais que depressa, começa a falar sobre todas elas, numa velocidade assustadora. Dava a impressão que ele já havia pensado em tudo, mas não, para ele a dificuldade do problema se tornava um gatilho para novos horizontes. Uma tal de criatividade entra em cena, mas uma criatividade instintiva, sem medo de errar ou se frustrar, com muito apetite de tentar.

Foi nessa situação que a metralhadora de ideias e possibilidades do nosso líder nato começou a disparar:

— Virei buscar de carro, mesmo, pois no início vamos levar pequenas quantidades, apenas um de cada sabor, pois precisaremos sentir a demanda. Retirarei os bancos traseiros do carro, colocarei caixas de isopor, virei de madrugada para fugir do calor, colocaremos gelos em sacos para manter a temperatura.

Na época não se vendia gelo ensacado no posto de combustível. Aliás, quem teve essa ideia? Congelar água, ensacar e vender... Gênio? Não, apenas inventor de facilidades.

Mas voltando às ideias do nosso líder:

— É possível embalar em baldes menores? Para facilitar esse transporte? — perguntou ele.

A resposta para essa pergunta foi imediatamente negativa, pois precisaríamos de mais investimento para a compra dessas embalagens menores e ainda por um tempo curto dessa demanda. Mesmo assim, nosso líder insistiu, argumentando que poderíamos usar embalagens caseiras mesmo, não precisaríamos investir, era só uma adaptação momentânea, também conhecida como “gambiarra”, palavra tão temida nas áreas de produção e manutenção. Mas por que esse temor todo? Simplesmente porque não é apenas por um tempo emergencial, os funcionários querem se livrar do problema e, se a gambiarra funcionar, que fique ali até uma nova quebra, e é aí que está o maior problema, confundir gambiarra com criatividade. Devemos ser criativos nos momentos de crise, mas se tem o jeito e maneira correta de fazer, o mais rápido que possível, precisa ser feito.

Enfim, tudo alinhado, soluções parcialmente encontradas, nos despedimos e voltamos para casa em completo silêncio. Demoramos quase duas horas de viagem para percorrer 100 quilômetros, achei estranho, pois normalmente a viagem não durava mais que uma hora e quinze minutos, mas curti cada quilômetro daquela viagem, o semblante dele era calmo, sereno e parecia que ele estava assistindo a um filme, o silêncio entre nós parecia música de sucesso, foi de verdade um momento mágico, aquela sensação de ter apostado na ideia e ter sido retribuído com a possibilidade dela ser concretizada. Ainda não sabíamos se iria mesmo dar certo, mas apenas a chance real do sim já era o nosso combustível, lembram dele?

Mas essa escola em que eu tive o privilégio de estudar todos os dias em que eu estava com aquele empreendedor fora da curva parecia que nunca entraria na rotina, e foi o que aconteceu. Quando encostamos o carro na garagem da casa do meu tio — sim, o carro era emprestado do tio Fernando, pois não tínhamos um, naquele momento, o investimento ainda estava nos balcões e geladeiras da nossa casa de doces —, ainda em silêncio, meu pai desligou o carro, abriu os vidros e continuou assistindo àquele filme imaginário; alguns minutos mais se passaram, ele olhou no relógio, esperou mais alguns minutos e abriu a porta para sair. Foi nesse minuto que, para quebrar o clima, comentei, meio que para puxar assunto:

— Demoramos, hein?

Meu pai já estava com um dos pés do lado de fora, quando voltou para dentro do carro, me olhou com aquele sorriso de canto dos lábios e disse:

— Você percebeu? Mas foi de propósito, voltei mais devagar para simular quanto tempo irei demorar com o carro cheio e bem mais pesado em virtude dos baldes de sorvete.

O empreendedor que não para nunca, não para de pensar, de agir, de testar, de dividir e principalmente de tentar novas alternativas, novas ideias e novas conquistas, pois são elas a maior fonte de inspiração, motivação e, sim, conquistas, sem elas não seguimos em frente, desanimamos e pensamos em desistir. Por isso, celebre todas as conquistas, das menores as maiores, comemore, e que elas sejam o combustível para os próximos passos.

Naquele momento, eu estava pensando: "Caramba, como eu sou idiota, pensei que ele estava vindo devagar para curtir a vitória, mas não, ele já estava testando os recursos". Opa! Recursos? Sim, para fazer essa viagem, tirar os bancos traseiros, colocar as caixas de isopor e vir mais devagar, precisávamos de recurso, nesse caso, o principal deles era o carro, e nós não o tínhamos. Foi aí que perguntei novamente:

— Mas com qual carro faremos isso?

Novamente a resposta clássica.

— Deixa isso comigo!

Tudo isso aconteceu numa sexta-feira, e havíamos combinado de buscar os sorvetes na terça, pois eles eram produzidos na segunda, ou seja, ele tinha apenas o final de semana para encontrar alguém que vendesse um carro fiado, ou pelo menos emprestasse. Mas não seria fácil encontrar quem deixasse tirar os bancos traseiros para transportar baldes cheios de sorvetes, enfim, era mais uma situação complicada.

Trabalhamos duro naquele fim de semana, pois já estava muito quente e os doces não tinham a mesma aceitação, além dos problemas estruturais, meu pai estava muito agitado, entrava e saía sem avisar, ficava alguns períodos ausentes, nem jantamos juntos naqueles dias, mas no domingo à noite, já prontos para dormir, pois todos nós estudávamos pela manhã, ouvimos uma buzina fraca em nossa porta, saímos de pijama lá para fora, e quem estava lá? Sim, ele havia conseguido, pelo menos provisoriamente, um TL 1970 da linha Volkswagen 1600, um carro pequeno com duas portas e quase vinte anos de uso, um tanto malcuidado, é verdade, mas já era um meio. Ele desceu daquele carro velho como alguém que saía de uma Ferrari, era muito bom vê-lo feliz, beijou minha mãe e só com um olhar, pulamos para dentro do carro para dar a primeira volta em família. Demos uma volta na praça bem devagar, meus irmãos pulando no bagageiro, eu com o rosto entre os bancos tentando ouvir os comentários do meu pai, pois ele estava tão feliz contando como havia conseguido aquele carro, era contagiante ouvi-lo contar que tinha ido buscar o carro num sítio na zona rural a mais de 15 quilômetros de estrada de terra da cidade, que meu avô materno, negociador astuto, tinha conseguido com um compadre que já não usava mais o carro, e é claro, meu avô foi o fiador da negociação; no dia seguinte, meu tio, que trabalhava numa oficina, iria tirar os bancos e fazer alguns ajustes e melhorias necessárias para pelo menos garantir a segurança e o trajeto de ida e volta serem completos, nesse caso, ir vazio e voltar carregado.

As primeiras dificuldades logo apareceram: quando havíamos testado o tempo da viagem, estávamos com um carro praticamente novo e muito mais potente, ou seja, precisávamos acrescentar mais trinta minutos no trajeto de volta, pesado e com um carro bem mais velho, dessa forma, deveríamos sair ainda mais cedo, para não enfrentar o sol na volta. Mas não adiantaria chegar lá mais cedo, se o horário dos funcionários na sorveteria começava às seis da manhã, por isso, sempre é muito importante a estrutura e os recursos serem equilibrados com demanda, necessidades e logística. Mesmo com tantas adversidades, chegamos lá para carregar às 5h45, aguardamos os quinze minutos e começamos a carregar, optamos por carregar menos do que o esperado, pois estávamos preocupados com o desempenho do veículo. Saímos por volta das sete da manhã, e no meio do caminho a coisa começou a se complicar, pois já tinha passado do nascer do sol e ainda teríamos mais de uma hora de viagem, o gelo já estava derretendo e o calor subindo forte, mas ao invés de acelerar, nosso líder começou a questionar:

— Precisaremos de mais gelo na próxima viagem. Vamos trazer caixas de isopor menores para o gelo reserva, vou tentar negociar com os funcionários um valor extra para eles chegarem lá mais cedo para carregar, virei sozinho para poder tirar o banco da frente do passageiro também, já que precisamos de espaço.

E por aí foram muitas ideias, novamente checklist — sempre necessário — para ver, conferir e rever.

Chegamos com o sol já alto, por volta das 8h15 da manhã. Os comerciantes estavam chegando em suas lojas, alguns curiosos ao ver-nos descarregar aqueles baldes coloridos, alguns mais líquidos do que os outros, mas conseguimos aproveitar quase tudo, ficamos até quase dez horas limpando e posicionando tudo, pois o layout havia mudado por completo, os doces eram agora coadjuvantes, os atores principais seriam os sorvetes — os mais saborosos e vistosos eram os de fruta. Eu estava tão envolvido com as mudanças que nem percebi a agitação do nosso líder, quando me dei conta percebi que ele estava mudando o layout novamente, parei e fiquei aguardando a nova ordem, pois a estratégia inicial era colocar os baldes de sorvete no freezer mais forte, que ficava atrás, e na frente, no expositor de vidro, continuariam os doces. Isso seria o lógico, o convencional, o mais óbvio e fácil de se fazer, mas não deveria ser o mais correto, devido à agitação do nosso mentor. Permita que eu me retrate, seria, sim, a forma mais correta, pensando na conservação do produto, mas não seria a mais criativa para chamar a atenção e vender com os olhos, como ele sempre nos dizia.

O que fizemos então, depois de quase tudo pronto: ele chegou com alguns potes de plástico transparentes e menores, rapidamente entendemos a mensagem e começamos a tirar dos potes grandes e colocar nos pequenos, sempre os de frutas, pois eram mais coloridos e ainda continham pedaços enormes das frutas. Esses potes menores foram colocados sem suas tampas na vitrine refrigerada, e os clientes poderiam olhar e ainda degustar antes de escolher os sabores. Alguma semelhança com as *gelaterias* chiques de hoje em dia?

Depois de todas essas mudanças inesperadas, conseguimos abrir com o novo layout, com quase duas horas de atraso — já estava passando da hora do almoço dos comerciantes —, mas com grandes expectativas, e valeu a pena: vimos a curiosidade em experimentar antes, as cores vivas, os pedaços de frutas aparentes e, para completar, uma casquinha crocante que era uma delícia.

As vendas foram tão boas que naquela mesma semana de estreia do sorvete meu pai fez mais duas viagens. Claro que, se tivéssemos mais estrutura, um carro melhor, mais freezer para armazenar os sorvetes, o nosso lucro seria bem mais alto, pois as despesas que tivemos com a logística e as perdas com alguns sabores que derretiam mais rápido pesaram desfavoravelmente.

Em pouco tempo, nos adaptamos a essa nova demanda, ajustamos os horários e acrescentávamos novidades praticamente todas as semanas: caldas quentes, sabores novos, cardápio com taças enfeitadas. Enfim, acho que inquietude e disposição para enfrentar a rotina pode ser o modelo ideal para qualquer segmento.

Costumo sempre fazer um balanço de todas as fases da minha vida, em todos os sentidos, pois acredito que o passado pode ser a base para um bom futuro, no qual cultivar nossas essências seja a fonte da juventude, sem abrir mão daqueles momentos marcantes, mesmo os mais frustrantes ou decepcionantes. Pensando assim, sempre fecho cada ciclo com uma experiência marcante; dentre muitas que me ocorreram nessa primeira fase entre o baleiro do cinema e a doceria, podem ter certeza de que a mais forte delas eu costumo chamar da "vitória do fracasso", vocês vão entender por quê. São aqueles momentos únicos que erramos tentando acertar.

Podem ter certeza: isso não existe, você erra porque as condições não estavam bem preparadas e planejadas ou seus atos não estavam bem embasados no contexto geral.

Ou seja, como se classifica em segurança do trabalho, acidentes acontecem por "ato ou condição insegura", por um desses fatores ou os dois juntos.

4

A VITÓRIA DO FRACASSO

Líder compreensivo

Era um sábado qualquer de um final de fevereiro qualquer de uma tarde chuvosa qualquer, num dia sem quase nenhum movimento diferente. Eu estava doido para ver baterem 19h no meu relógio e correr para junto dos meus amigos naquele sábado à noite, mas as horas nunca passam rápido quando não se está no local que de fato quer estar ou fazendo aquilo que não lhe dá prazer, ou pior, quando a sua mente não está ali. Era esse o cenário naquele final de tarde, mas, como num conto de fadas, uma *carruagem* parou em frente ao nosso estabelecimento. No final da década de 1980, elas se chamavam Diplomata Comodoro da Chevrolet, cinza-claro na parte de cima e chumbo na parte de baixo, era o carro dos sonhos e dos que podiam sonhar alto. Lembro-me como se fosse agora daquele senhor de cabelos grisalhos, alto e muito bem vestido descendo lentamente da sua *carruagem*; me chamou muito a atenção o brilho do seu relógio, que muitos anos mais tarde fui descobrir que se tratava de um Rolex. Aquele forasteiro ficou parado por alguns instantes em frente à nossa casa de doces, meio que duvidando se estava no lugar certo, mas entrou e, com um sorriso meio irônico, me abordou, perguntando:

— É aqui que vende o melhor sorvete de morango da cidade?

Sempre reagi muito rápido nos momentos em que tentaram me acuar e respondi também sorrindo, mas no meu caso, de aflição:

— Não, é aqui que se vende o melhor sorvete de morango da região!

Pronto, numa resposta rápida eu havia desarmado o cliente, estratégia boa, mas quem sabe era ele que ainda estava com o par de ases, pois imediatamente me elogiou, me agradou e rapidamente parecíamos bons e velhos amigos. Aquele forasteiro era um grande empresário da capital e acabara de comprar uma fazenda em minha cidade, estava ali à procura de uma sobremesa para agradar seus novos convidados num jantar.

Foi então que os negócios começaram, ele especulou muita coisa, como: quem fabricava os sorvetes, de onde vinham os doces, qual deles vendia mais e até de quais eu mais gostava. E é claro, eu ia respondendo tudo nos detalhes e ainda supermotivado, aprendi ali que para concluir bons negócios você precisa se tornar parte deles, e para tanto, tem de conhecer todos os pontos de vista, seus detalhes, suas estratégias e principalmente quem está no comando na negociação. E naquele dia, eu inocentemente achava que estava no comando.

Depois de ter preparado o terreno, feito a pesquisa de campo, abordado o trabalhador, veio a proposta:

— Me diga, garoto, quanto custa o balde de sorvete?

Eu fiquei em choque, pois seria a venda dos sonhos: em uma única venda, bateria todas as metas da semana, ainda mais naquele dia tão fraco. A sorte estava sorrindo para mim. Doce ilusão, lembra o ditado popular "quando a esmola é demais, o santo desconfia"?. Então, eu não o conhecia, e segui empolgado em bater a minha meta.

Rapidamente o forasteiro percebeu que eu nunca havia vendido no atacado e nem ao menos imaginava o valor de um balde fechado, pois era sempre o nosso patrão quem cuidava disso. Naquela época, funcionário não participava de reuniões de resultados, de alinhamento estratégico, bem, ainda hoje muitos não participam, mas a importância dessa troca de informações é tão grande e muito maior do que se pensam, pois precisamos, sim, colocar todas as equipes, departamentos e setores por dentro da operação, das negociações, do faturamento e lucro. Isso chama-se transparência; para mim, a verdadeira "alma do negócio".

Nessa situação de total falta de conhecimento, eu achava que estava no comando da maior de todas as minhas negociações até aquele momento. Lembram que eu falei que era rápido quando acuado, então, resolvi abrir o jogo, e disse:

— Não sei ao certo quanto custa cada balde, mas tenho certeza de que o de morango é o mais caro. — Já tentando superfaturar. Para mim, oportunidade de bônus de venda, mas será que era correto?

O senhor retrucou:

— Vamos fazer o seguinte, tentaremos calcular no olho mesmo: quantas bolas de sorvete se consegue tirar de um balde?

Caramba, aquela era a conta mais básica que eu precisava saber de todos os baldes, de todos os sabores, para aí, sim, chegar ao nosso verdadeiro lucro, mas numa empresa familiar e não especializada no ramo, cuidávamos apenas dos valores macros, ou seja, quanto entrou x quanto saiu = nosso lucro. Muito pouco para quem sonhava em se dar bem no setor de vendas de varejo.

Tiramos algumas bolas de sorvete daquele único balde de morango — é, eu disse único, pois com um verão de muitas chuvas fortes, a safra de morango havia sido arrasada e achá-los era raridade. Mesmo sabendo dessa informação, continuamos a negociação. Aos meus olhos, cada balde poderia render cem bolas, se cada bola era vendida por dois reais, duzentos reais era um bom preço. Mas aí me lembrei da embalagem, pois tínhamos que comprar as pequenas para o expositor e ainda locar as grandes para a divisão; expliquei isso, e o comprador misterioso, mais do que depressa, fez a oferta:

— Duzentos reais pelo sorvete, mais cinquenta reais pela embalagem, mais cinquenta reais para eu levar algumas casquinhas e, para fechar, mais cinquenta reais pela atenção que você está me dando; dessa forma, eu pagarei 350 reais pelo seu balde de sorvete de morango. Aceita?

Foi incrível aquela sensação, meu corpo tremia inteiro, era música para os meus ouvidos, uma proposta irrecusável e, após alguns segundos em outra órbita, voltei à Terra e respondi, forte e convicto:

— É seu. Negócio fechado!

Apertamos as mãos e tudo estava feito, o forasteiro havia conquistado o seu bem e saído feliz, eu havia batido todas as metas e feito a melhor de todas as vendas, num dia que parecia o pior de todos, mas, nos acréscimos do segundo tempo, eu reverti o placar e venci a batalha. Era um sentimento único que eu nunca havia degustado, se fosse para descrever numa única palavra, acho que ela seria êxtase.

Faltava ainda mais uns vinte minutos para encerrar o turno, mas depois daquela venda mágica, para que esperar? Eu queria correr para casa e contar para todos, principalmente para o nosso chefe. Fechei tudo praticamente sem a limpeza e organização final que faziam parte do nosso protocolo, mas a empolgação era tanta que eu queria dividir com minha família. Cheguei em casa eufórico, minha mãe finalizando o jantar, meus irmãos saindo do banho e meu pai ajudando a pôr a mesa, passei por eles feito uma flecha, tomei um banho relâmpago e, sem conseguir parar de sorrir, me sentei com todos, que, claro, já estavam curiosos para me ouvir, e comecei a contar sobre a maior de todas as vendas daquela família doceira.

É claro que não perdi a oportunidade de florear um pouco, de acrescentar alguns toques de suspense, de valorizar minhas habilidades de negociação e até mesmo persuasão, e no meio da história perguntei ao meu pai quanto ele pagava em cada balde — e foi aí que eu cresci ainda mais, pois cada balde custava em média 150 reais, ou seja, eu havia conseguido mais de cem por cento de lucro numa única venda. Aí, mais eufórico do que nunca, eu finalizei o contexto, meus irmãos gritaram e me aplaudiram, minha mãe se levantou e me deu um beijo rápido na testa e voltou para a pia para cuidar da louça. Percebi naquele gesto que não era a venda dos sonhos, foi quando olhei para o líder nato, que estava curtindo a minha alegria, mas que naquele momento estava com um olhar distante, com um semblante preocupado. Eu, sem saber o porquê, comecei a me transformar e, com muito medo da resposta, perguntei:

— Não fiz certo, pai?

Foi nesse momento que ele voltou a me olhar nos olhos e disse:

— Tudo certo, o preço foi justo, parabéns pela sua iniciativa, mas amanhã é domingo e o movimento será forte, por isso, vamos dormir e descansar.

Fiquei sozinho à mesa, sem entender nada, mas já ciente de que não havia feito a coisa certa, fui do céu ao inferno em minutos, demorei muito para conseguir dormir, tentando imaginar onde estava o erro, pois consegui lucro, consegui bater a meta, e ainda fiz isso num dia de vendas ruins. Como poderia algo estar errado?

No dia seguinte, começaram a chegar minhas respostas. Acordei cedo para jogar futebol, meu maior sonho (depois chegarei nele). Percebi que meu pai já havia saído, e de carro, o que não era comum para um domingo, pois sempre acordávamos um pouco mais tarde, a doceria abriria apenas às onze. Perguntei para minha mãe, mas ela, para me poupar, me disse que não sabia e me mandou ir jogar bola. Confesso que fui, mas não joguei, sabe quando o corpo está, mas a mente, não? Era assim que eu me sentia, saí até mais cedo e voltei para casa, mas ele ainda não havia voltado, nos preparamos, almoçamos sem ele e fomos abrir nosso estabelecimento.

Parecia incrível, mas todos os clientes que eu atendia só perguntavam por um produto. Qual era? Sim, sorvete de morango, e onde estava? No meu bolso, com a tal venda dos sonhos. Lá pelas

13h, o nosso TL 1970 estacionou na rua ao lado e de longe vi meu pai descer do carro igualzinho quando ele chegava com o filme no cinema, suando e com uma prioridade imensa em descarregar a mercadoria, saí imediatamente para ajudá-lo e comecei a ver sabores de sorvete que nunca havíamos vendido antes: salada de fruta, manga, málaga, kiwi, frutas vermelhas e outros mais estranhos ainda. Sem perguntar nada, fui descarregando e ele ia organizando nos potes menores para colocar no expositor, me lembro que quando cumprimentou minha mãe com aquele beijo na testa tradicional, percebi que não estava tão feliz, pois sempre vinha uma brincadeira depois do beijo, mas aquela não era hora para brincar. Depois de tudo arrumado, limpo e organizado, ele não precisou me explicar nada, foi só o próximo cliente chegar para eu entender a "merda" que havia feito. Pois o cliente entrou e perguntou:

— Não tem sorvete de morango?

Meu pai se levantou de trás do balcão, e disse:

— Hoje está em falta, mas você já experimentou o novo sabor de frutas vermelhas?

Parecia que o chão não estava mais debaixo dos meus pés, eu queria sumir de tanta vergonha, voltar no tempo. Porém aquela lição, por mais dura que tenha sido, foi um divisor de águas na minha curta carreira de vendedor. Comecei, então, a ligar os fatos e voltei a nossa realidade, comecei a juntar as peças daquele quebra-cabeças e no fim do dia estávamos todos exaustos, mais do que o normal, pois tínhamos tido que convencer os clientes a experimentar outros sabores para substituir o nosso carro-chefe, ou pelo menos tentar compensar a falta dele, o sorvete de morango.

Naquele domingo, logo pela madrugada, o nosso líder nato precisou de um plano B para tentar solucionar uma estratégia de venda malsucedida, no caso, a minha. Pegou seu carro e seguiu 100 quilômetros até Tatuí para tentar encontrar um pouco de sorvete de morango, para atender nosso verdadeiro público-alvo, que eram os moradores da nossa cidade, os clientes de todos os domingos, as famílias que nós conhecíamos desde muito antes, moradores da zona rural que vinham para a cidade gastar seu digno salário com um pouco de coisas que não se encontrava no campo. Entender a missão é entender as necessidades dos clientes, e essas necessidades são de fato a verdadeira missão de qualquer empresa, por isso, quando ele não conseguiu morango, veio com outras opções para não voltar de mãos vazias e sem nada a oferecer. Líder nato procura alternativas e possibilidades, nunca desiste, pois sempre se encontram boas oportunidades nas crises, basta saber e principalmente querer procurar. Ele poderia apenas jogar a culpa em mim, e não tentar fazer nada, poderia ficar lamentando, mas essa não é uma opção para os excelentes.

E depois de todas as mensagens recebidas naquele dia, eu precisava me desculpar com ele, mas não encontrava momento para isso. Chegamos em casa, todos juntos, pedimos uma pizza, comemos em silêncio, e só um pouco antes de deitar consegui ficar a sós com ele, mas não consegui dizer nenhuma palavra, apenas o abracei e chorei.

Para minha surpresa, após alguns segundos de desabafo emocional, ele começou a rir e disse:

— Aquele de frutas vermelhas é muito ruim. — E ria e me abraçava ao mesmo tempo.

Começamos a rir juntos, até que o nosso barulho fez meus irmãos e minha mãe saírem dos quartos e, sem saber o porquê, começarem a rir também. Lembro que começamos a contar "causos" de clientes chatos, falamos dos dias de preguiça na hora da limpeza, de doces que comemos e não registramos no relatório de saídas, enfim, lavamos a alma, com lágrimas e revelações escondidas em cada um. Quando me recordo desse momento, compreendo a importância dos diálogos abertos, do bate-papo com o gerente, roda-viva com a diretoria, afinal, independentemente do nome que as empresas dão, o mais importante é o objetivo, que é estreitar relacionamentos, promover abertura entre as áreas, setores e células, de fato, promover o valor ou os valores que diferenciam as empresas — para mim o mais importante deles é transparência, também conhecida como honestidade, conforme dito antes.

Foi aí também que comecei a me interessar por um tal de "amor". Palavra de apenas quatro letras, mas com uma força tamanha, que, sim, é capaz de mudar o mundo, é capaz de nos fazer ver sempre a luz acesa ao final do túnel, é capaz de superar todos os obstáculos que a vida nos traz, mesmo aqueles que nos trazem perdas irreparáveis. Com amor somos capazes de lembrar com saudade e ao mesmo tempo com alegria, somos capazes de congelar momentos ruins e viver apenas os bons — quem sabe seja por isso que alguns falam que o amor é cego.

Podem ter certeza de que a única coisa que o amor não é, é cego. Nós podemos até nos deslumbrar demais no início, mas quando se ama de verdade, somos transparentes o suficiente para encarar juntos todas as dificuldades e problemas, sem esconder nenhum detalhe ou defeito, prontos para chorar e reconstruir, mesmo que algumas sequelas apareçam posteriormente. Mas a união pelo amor é sem dúvida a arma mais forte e poderosa de todos os tempos.

5

NOVOS HORIZONTES

Líder renovado

Depois de tantas experiências em tão pouco tempo do nosso novo negócio, a nossa Casa de Doces Caseiro estava indo de vento em popa, foi um verão fantástico, vendemos tanto que rapidamente já havíamos pagado as últimas dívidas e estávamos pensando até em ampliar um pouco mais o espaço físico da loja, acrescentar novidades ao cardápio, implantar um sistema de entrega aos finais de semana, enfim, estávamos todos empolgados e motivados com os excelentes resultados, mas foi nesse momento que o nosso líder voltou em ação, convocando mais uma reunião da família. Achamos que era para decidirmos quais das ideias de ampliação do negócio iríamos aplicar primeiro, a tal "estratégia de crescimento e consolidação de mercado". Porém nada era tão previsível com o nosso comandante, que já abriu a reunião fazendo a seguinte pergunta:

— E vocês, como estão? Felizes?

Alguns minutos de silêncio, não sabíamos se era para responder ao pé da letra ou se para sorrir em virtude dos bons resultados. E ele completou:

— Não estou querendo saber sobre a nossa empresa ou sobre nossos resultados, pois todos nós sabemos que estamos indo muito bem. Mas estou perguntando realmente sobre a vida de vocês, precisam mudar algo? Estão sentindo falta de alguma coisa?

Foi aí que minha irmã caçula, levantou a mão e perguntou:

— Não vamos para a praia? Todas as minhas amiguinhas foram.

Silêncio novamente, mas em seguida nosso líder abriu um largo sorriso e disse:

— Era disso que eu estava falando, do tempo. Com certeza já descobrimos que esse ramo alimentício é muito rentável, e nós desenvolvemos um modelo muito interessante de negócio, conseguimos pagar as nossas dívidas em pouquíssimo tempo, e até estamos com um pouco de capital para darmos alguns passos mais audaciosos, porém, se seguirmos com esse negócio, dificilmente teremos tempo. É, isso mesmo, estou falando de folga, pois o trabalho é de domingo a domingo, e são nos finais de semana os dias mais fortes e puxados, é nas férias que o sol esquenta e nesses dias as vendas aumentam, dessa forma, estamos com dinheiro, mas sem tempo para férias ou, no mínimo, sempre sairemos de férias fora de época.

Ficamos um tempo maior em silêncio dessa vez, e aquela explicação me fez entender o porquê de algumas vezes ter ouvido a frase: Qual é o valor do sucesso?.

Pode custar muito ou pode custar nada, pois meu pai não estava falando em abrir mão dos lucros, estava propondo mais uma vez mudar de ramo, seguir novos caminhos, ter mais tempo para a família — vejam só, não quer dizer que iríamos trabalhar menos, alguns pensam que ser patrão é sinônimo de menos trabalho, mas muito pelo contrário, são mais responsabilidades, mais trabalho, menos tempo de folga, menos férias e assim por diante. Mas em nosso caso, de acordo com o nosso perfil, se ficássemos com a doceria, com certeza teríamos cada vez menos tempo de lazer para a nossa família, pois além de tudo o que já falamos, o trabalho era puxado e o desgaste físico, alto, ou seja, para nós, folga era sinônimo de cama, já se sentiu assim? Esse pode ser o principal indício de que você está enxugando gelo, pois de que adiantará ter dinheiro sobrando se não tem forças para usufruir dele?

Foi depois dessas reflexões que tomei coragem e perguntei:

— Beleza! E em qual ramo vamos ingressar agora?

Claro que eu havia mordido a isca, pois já estava tudo articulado naquela mente empreendedora, ele já havia estudado as variáveis e pesquisado o mercado, estava apenas querendo conquistar seus adeptos ou seguidores, como já falamos. Pois algo muito forte no líder nato é a inclusão da equipe, ele está sempre um passo à frente, pensa muito antes de todos, descobre os atalhos, mas tem total consciência de que, sozinho, é impossível vencer.

Alvo na mira, metralhadora de ideias carregada, vamos para a estratégia, e logo ele começou:

— Vamos transformar nosso hobby em profissão, ou seja, vamos abrir uma loja de fotografia e filmagem.

Desde que me conheço por gente, a imagem que tenho do meu pai em todos os eventos familiares, da escola, do judô, futebol, ou em qualquer outra data especial como Dia das Mães, dos Pais, das Crianças, era ele com uma câmera na mão, na época a Super 8, no começo ainda sem áudio, depois as Panasonic ou as boas e velhas Pentax com lentes 35/80mm, fotografando e filmando tudo, festa junina, Natal, Réveillon, nossos aniversários, enfim, acredito que temos um dos maiores acervos pessoais do mundo — se um dia eu ficar famoso, os programas de televisão se esbaldarão ao mostrarem minhas memórias. E só por isso já era muito mais fácil começar esse novo negócio do que foi começar com a doceria, pois já tínhamos experiência e expertise suficiente para nos manter atualizados no mercado, tínhamos até o mais caro, que eram os equipamentos básicos, assim, precisávamos de um ponto bem localizado, de um investimento inicial em produtos de varejo para manter o estabelecimento ativo no dia a dia, e em seguida, do marketing inicial para entrar no mercado — mercado esse que era dominado por uma família muito tradicional de origem japonesa que existe em nossa cidade. Essa era a maior das dificuldades, dividir o mercado com uma empresa tão sólida, altamente estruturada e com um diferencial muito importante: também trabalhavam em família, os pais e filhos faziam tudo, assim como nós, portanto, conquistar novos clientes numa cidade tão pequena e com uma concorrência extremamente qualificada, muito consolidada no mercado e bastante performática, seria o maior de todos os nossos desafios.

Porém o nosso líder nato quebrou todos os protocolos de concorrência. Mesmo antes de acharmos o ponto comercial, ele foi até essa empresa concorrente e explicou seus interesses, anunciou que iria entrar para esse ramo e que gostaria muito de continuar tendo-os como amigos e agora parceiros, de poder pedir ajuda e até mesmo ajudar, na medida do possível. Foi, sim, um gesto nobre, mas também estratégico de se mostrar conhecedor da realidade, conhecedor da nossa capacidade, pois não queríamos os clientes deles, e sim aqueles que eles não tinham. Transferindo isso para os dias de hoje, vejam as academias de ginástica, todas elas seguem uma tendência mundial, até as cores e letras parecem iguais; quando de repente alguma traz alguma inovação, mais do que depressa as outras copiam nos mínimos detalhes. Por que não atender a demanda personalizada, respeitando sua cidade, seu bairro, sua região, seu público alvo? Com certeza tem espaço para todos, e quanto mais opções, melhor, o problema é ter mais do mesmo. Precisamos entender que, se a concorrência for só mais uma cópia, não é concorrência, é continuidade, aí teremos menos clientes para todos.

Mas, em nosso caso, a metodologia estava clara, iríamos buscar aquele cliente mais informal, que gostasse de uma trilha de *rock 'n roll* como fundo musical do seu casamento. Entre muitas outras mudanças que iríamos propor nesse novo segmento, a mais impactante era buscar novos clientes, estou falando de novos mesmo, novos de idade, novos de expectativas, e de novas tendências, queríamos quebrar a formalidade das edições e trazer um aspecto moderno e ao mesmo tempo familiar. Nosso líder tinha enorme experiência das telas de cinema, pois não era possível mensurar quantos filmes ele havia assistido nas salas de projeção ou nos pré-lançamentos para locar os filmes para o nosso antigo negócio, e a frase que ele sempre usava para as nossas imagens e edições era:

— Filme familiar precisa ter emoção!

Precisamos descobrir os gostos dos clientes, saber quais músicas eles curtem, qual o ambiente que frequentam, quais os hobbies, enfim, no começo da década de 1990 ele já estava falando de perfil de cliente, algo muito determinante para o sucesso dos negócios globalizados desse mundo digital e dinâmico de hoje.

Porém, ainda estávamos com a casa de doces aberta e precisaríamos tomar algumas decisões, a primeira e mais importante delas, era decidir o que iríamos fazer com a doceria, se iríamos fechar, vender, arrendar ou simplesmente transformar no novo negócio. Bem, isso é o que nós achávamos, mais uma vez, pois, na verdade, já estava tudo muito adiantado, meu pai já havia encontrado um comprador para a doceria, mas, não era qualquer comprador, e sim um casal de primos que meu pai praticamente ajudou a criar — e, é claro, ele fez aquele negócio de pai para filho, praticando sempre o ganha-ganha, pois resolveu o nosso problema e ainda deu uma grande oportunidade de futuro para eles, ou seja, bom para todos. Além disso, já havia também negociado o novo ponto com o mesmo proprietário, que por sinal tinha vários pontos na famosa rua Direita. Daí para frente o caminho foi muito mais rápido do que das outras vezes, já estávamos mais velhos, acompanhamos mais rápido as ideias do nosso líder, nos adaptamos mais rápido às novas mudanças. Isto é experiência:

quanto mais cedo se tem contato com a prática, com as adversidades, muito mais cedo se aprende, se destaca nas situações difíceis, até se gosta quando o bicho está pegando, podem ter certeza de que os profissionais que começam cedo enfrentam as dificuldades com mais tesão, pois ninguém gosta da rotina, principalmente quem põe a mão na massa — esse perfil não gosta quando tudo está quieto demais, sabe como é? Foi a lição que aprendi quando li o meu primeiro livro sobre gestão e liderança, *Quem mexeu no meu queijo*, de Spencer Johnson, no qual ficou muito claro o poder das avaliações constantes, dos checklist, das reuniões, das divergências, enfim, tudo o que eu vivia dentro da nossa empresa familiar, mas com uma diferença, quando se estuda e se tem informações em tempo real, as ações reativas se tornam minorias, pois mesmo as falhas já estavam organizadas na prateleira das possibilidades. Há uma frase cujo autor não conheço, mas que já ouvi muito nas reuniões de planejamento das empresas em que atuo: "Espere sempre pelo melhor, mas planeje sempre para o pior", ou seja, aprimorar-se em cada conceito, com métodos e procedimentos que já haviam sido testados em outras empresas ou em outras realidades se torna um fator de extrema importância para quem não tem tempo para errar. Por isso, mais do que nunca as empresas fazem workshop, networking, programa de portas abertas, participam de congressos e estimulam os profissionais a conhecerem novas áreas, pois não estão apenas mostrando seus produtos e métodos, mas, na verdade, testando e conhecendo os dos outros. *Business* é movimento, aceleração, totalmente contrário a estagnação e comodismo.

Visitar a concorrência, os fornecedores e parceiros, é uma ação imprescindível para se modular uma base sólida e conhecedora das possibilidades e, principalmente, conhecer as reais possibilidades do cenário em que se atua ou irá atuar.

Independentemente do segmento de negócio, num mundo globalizado e interligado na palma da sua mão, como vivemos hoje, não se pode dar ao luxo de não acompanhar as tendências e, principalmente, as evoluções tecnológicas.

Assim, encerramos nossa curta e rica história de sucesso com a Casa de Doces, porém, imediatamente já estávamos engajados com o novo projeto da família Blóes. Agora deixávamos a produção artesanal para emplacar no mundo tecnológico, migrar da satisfação imediata de saborear um doce para o prazer nostálgico de se retornar os bons momentos em fotos e vídeos.

Nosso líder chegava em seu ápice como gestor e CEO de sua empresa, pois independentemente do tamanho da empresa, quando se tem cargos, funções e um organograma hierárquico bem definidos, a chance de sucesso torna-se muito mais palpável. E mencionei que era o seu ápice porque ele estava com quase 50 anos, havia trabalhado em mais de três segmentos diferentes durante trinta anos de carreira, sempre como proprietário e tomando as decisões mais difíceis, como mudar de ramo, mesmo que o primeiro tenha sido por forças externas, pois era sua grande paixão e se dependesse apenas do seu amor pela arte, com certeza seria proprietário de cinema até os últimos dias da sua vida.

Acontecimentos como esses fortalecem grandes líderes e os tornam pessoas mais dispostas a mudar, pois a máxima de que "toda mudança gera consequência" é uma grande verdade. Não mudar pode gerar ainda mais consequências, na maioria das vezes, desastrosas e negativas.

Por esse histórico rico em mudanças e vivido na prática e em sua plenitude, nosso comandante tinha certeza de que desta vez seria muito mais perene. Tamanha era a sua convicção que o nome da nova empresa, pela primeira vez, carregava o nosso sobrenome: estava nascendo a Foto e Vídeo Blóes, empresa familiar que cresceu rápido — em menos de cinco anos, construímos uma carteira de clientes fiéis, adquirimos prédio próprio, estávamos com todos os equipamentos quitados e atualizados e já contávamos com um quadro de profissionais especializados e autossuficientes para atender a demanda sem contar completamente com a atuação da família. Um cenário muito favorável, pois, além de conquistar nossos clientes e nosso espaço num mercado restrito, ainda estávamos conseguindo absorver bem os funcionários que ingressavam em nossa equipe e treiná-los para fazer parte de uma filosofia de trabalho, que era ter lucro, sim, mas sem ultrapassar os limites da ética, honestidade, caráter e respeito com todos os envolvidos.

Mais tarde, comecei a estudar que os ciclos dos novos negócios e a formação das equipes de trabalho passam pelos 4Fs:

1º) Fingimento
2º) Fricção
3º) Formação
4º) Funcionamento

Podem ter certeza, passamos por todos eles, e vivemos cada um deles, pois hoje entendo a importância da vivência, que é bem diferente de ser um espectador, o que acontece muito com os funcionários passivos, aqueles que acham que não têm nada a ver com o processo, que estão ali apenas para fazer o que se é mandado e cobrado. Esse perfil está mais do que ultrapassado, pois os funcionários que não vivem os **Quatro Fs**, com certeza não têm "senso de dono", nem tão pouco capacidade de viver e superar as crises.

O primeiro F é o Fingimento, aquele momento do namoro onde tudo é lindo, o patrão pensa em pedir e o funcionários já saem fazendo, às vezes brigam entre si para ver quem faz primeiro, é o famoso "sangue novo", vontade de mostrar serviço, de marcar território e consolidar sua posição. Mas essa fase é rapidamente superada, quem sabe dure apenas os noventa dias do contrato de experiência, depois disso, entra em ação — e com muito mais força — **o segundo F**, e o mais difícil dos quatro, que é a **Fricção**, quando as máscaras caem, o fingimento acaba, as vaidades aparecem, as briguinhas por besteiras tomam conta do ambiente. Nessas horas, os líderes precisam estar muito próximos dos seus liderados, pois, distantes, dificilmente identificarão as verdadeiras virtudes, atitudes e até mesmo as verdadeiras personalidades, que também podemos chamar de ética de caráter, pois existem duas muito fortes no mundo dos negócios, a ética de caráter e a ética de personalidade.

Depois de separar os verdadeiros dos falsos, poderemos seguir para **o terceiro F, Formação**, precisamos testar, pressionar, desafiar e até mesmo avaliar várias vezes para poder formar uma equipe de alta performance, que será responsável pelo crescimento e sustentabilidade do seu negócio. É verdade que às vezes é difícil identificar esses três primeiros Fs, mas, como já dito anteriormente, se praticarmos uma gestão corpo a corpo e sempre estimular novos desafios, não deixando a rotina dominar o ambiente, as chances de sucesso serão reais e muito maiores.

Chegamos, enfim, ao **quarto F, o Funcionamento**, que só fará parte se vivenciados os três anteriores. Um ponto que pode dificultar em muito a conquista desse último F é a alta rotatividade de funcionários, pois quando não se tem tempo para treinar e formar a equipe, a busca por maturidade profissional torna praticamente impossível chegar ao bom funcionamento. Uma estratégia eficaz é quando o funcionário consegue imaginar um futuro próspero em seu emprego, em que o plano de carreira é facilmente visualizado, onde metas são palpáveis, assim como premiações e meritocracia, ou seja, empresa sólida, verdadeira e que reconhece a força e virtude de todos. Além de tudo isso, funcionários e pessoas se motivam com novidades e por novos desafios como já mencionamos — e esses itens vieram de série em nosso líder nato.

Levando em conta todas essas experiências, mais do que rápido, nosso CEO identificou que, além de todo esse processo evolutivo e dos serviços de qualidade que estávamos buscando prestar, como loja física, precisávamos esperar os clientes nos procurarem. Muitos entravam em nosso estabelecimento puramente pela curiosidade de visitar uma loja nova, outros para ver as fotos de casamentos, batizados ou até mesmo de algumas "modelos" que toda semana ilustravam nossas vitrines, e é claro, havia aqueles que apenas estavam especulando preços. Após rapidamente perceber essa rotina, nosso líder implantou uma novidade, não apenas para nós, mas para toda a cidade: após voltar de uma viagem à capital, pois fazia sempre questão de continuar ligado às novidades que só na metrópole se via, estava com aquele brilho nos olhos novamente, aquele brilho de empreendedor que consegue visualizar alguns anos mais rápidos do que muitos empresários.

Qual a diferença entre empresário e empreendedor?

Vou tentar dividir o meu ponto de vista, que não se resume apenas a essas duas categorias, mas também às de profissional de excelência e investidor, mas não nessa ordem. Segundo a minha curta trajetória profissional, na minha visão, a ordem e divisão dessas categorias seriam:

1º) Profissional de excelência: aquele que faz sempre primeiro, por iniciativa própria, que conhece tecnicamente o serviço, tem carisma e talento. Já adquiriu experiência suficiente para treinar os demais da equipe. Aquele que faz bem feito porque ama o que faz, se realiza com o resultado produzido por ele e por sua equipe.

2°) Empresário: aquele profissional excelente que resolveu deixar de ser empregado e virou patrão, abriu sua própria empresa, do mesmo ramo em que sempre atuou como funcionário e em que tinha total expertise técnica e operacional, mas estava se aventurando como gestor. Pode ter sofrido com a mudança, mas, como é extremamente qualificado e dominante do conhecimento, torna-se referência no ramo, e sua estratégia de sucesso é de sempre liderar pelo exemplo.

3°) Empreendedor: aquele empresário que se deu bem, que conseguiu evoluir de profissional excelente para empresário do ramo e, quando começou a dominar a função de gestor, começou a investir em ampliações do seu negócio, seja ampliando o leque de serviços, replicando os serviços em novas filiais ou até mesmo incorporando outros negócios, complementares ou de segmentos diferentes. Entendeu sua força de influência e, como bom observador e exímio detalhista, percebeu que a busca por lucros a curto prazo já não era mais o foco, passando a empreender em processos mais complexos e com expectativas de rentabilidade de médio e longo prazo.

4°) Investidor: aquele empreendedor que se deu bem no próprio ramo, mas não se contenta com apenas lucro financeiro ou sucesso conquistado. Ele está sempre em busca de novos desafios, pois o que de fato o move é a satisfação em realizar, que começa a falar cada vez mais alto. A adrenalina de apostar em novidades, em ser o pioneiro, torna-se alvo das suas conquistas, porém, para obter sucesso, precisa de um alicerce sólido e uma retaguarda equilibrada para sustentar possíveis perdas e, para tanto, necessita mais uma vez de equipes de alta performance ao seu lado.

Perguntas que sempre me fazem quando ministro palestras ou treinamentos sobre esse tema: É possível ser os quatro em um?

Minha resposta é: NÃO. Pois precisamos entender que a especialização e o foco não são apenas qualidades, mas necessidades de cada perfil. Podemos, sim, ter profissionais que evoluíram pelos quatro estágios, e até mesmo alguns que saltaram etapas, que migraram de níveis, até que navegaram entre eles, pois, como costumo dizer, existem aqueles "fora da curva".

Outra pergunta comum é: Qual desses perfis dá mais lucro?

Nem tudo é uma questão de lucro. Para mim, é uma questão de bem-estar. Migramos ao longo da carreira, por vários motivos; quem sabe no início a motivação seja dinheiro, mas, com o passar dos anos, os valores evoluem, e passamos a nos preocupar com o verdadeiro motivo, que é e deverá ser sempre viver bem.

Isso não significa viver com muito, mas viver com o suficiente. Quantos milionários conhecemos ou já ouvimos falar que não tiveram tempo para gastar a fortuna e os filhos acabaram com tudo? Foi por que os filhos não davam valor? Acredito que não. Creio, sim, que o pai estava tão ocupado em ganhar dinheiro que não teve tempo de educar e ensinar os verdadeiros valores da vida aos seus herdeiros, e muito menos, de gozar de momentos simples do lar. Isto, sim, faz toda diferença: ter tempo para tudo e todos, essa é a primeira busca.

Ter tempo para estudar, trabalhar, crescer, mas sem deixar de lado, conviver, relaxar e desfrutar momentos com pessoas que se ama.

De onde tirei essas conclusões?

Do meu convívio com vários gestores, diretores e até CEO's de grandes empresas, que sempre se questionavam se havia valido a pena tudo o que tinham feito até aquele momento. É claro que também desenvolvi a minha percepção própria, colocando para dentro da minha vida, da minha carreira, do convívio que tenho com meus funcionários, clientes e alunos, mas, com certeza, a minha vivência com o principal líder da minha vida, meu pai, o líder nato, fez com que eu construísse os pilares que sustentam até hoje os meus conceitos e valores. Ele migrou mais de uma vez por esses quatro estágios, moldando-se de acordo com as necessidades, um verdadeiro "Camaleão dos Negócios", porém nunca abriu mão do bem-estar, fosse o dele ou da família: se esse conjunto estava bem, estava tudo certo; se ele estava bem, nós também estávamos bem; se nós estávamos bem, ele também estava, e assim por diante.

Esse controle emocional tem um grande propósito: dividir as dificuldades com quem está próximo, se fortalecer com quem está interligado e, principalmente, comemorar com quem está ao seu lado, acredito que seja isso que as empresas estão buscando hoje quando falam de "engajamento". O problema é que as empresas querem engajamento eterno ou a longo prazo, e isso não existe, pois, engajamento é a curto prazo: você motiva as pessoas em curtos espaços de tempo, já que nós, seres humanos, nos adaptamos, incorporamos e absorvemos as coisas em nossa rotina muito rápido. Um bom exemplo é o soldado jovem, aquele que acabou de se alistar para defender sua pátria na guerra, recebe o uniforme novo e, antes de vesti-lo pela primeira vez, é questionado pelo comandante sobre qual é o verdadeiro motivo dele se alistar. Mais do que depressa ele responde que é para defender o seu país com a própria vida se for preciso, porém, alguns dias depois de chegar ao campo de batalha, o mesmo soldado é questionado sobre qual o seu maior desejo e, mais rápido ainda, responde que é voltar vivo para casa. Ou seja, de acordo com a situação nasce o engajamento, por isso, as empresas e principalmente os líderes precisam entender que o ambiente vitorioso, moderno, com regras claras, com sinceridade nos discursos e principalmente com bons exemplos é que motiva o engajamento das pessoas, equipes e setores nos objetivos comuns propostos.

6

MÁQUINA DE XEROX

Líder inquieto

Pode ter certeza que aprendi isto na prática, vendo meu pai ser inquieto em tempo integral. Mesmo quando estava parado, em silêncio, eu conseguia ver que dentro da sua mente os pensamentos e ideias novas estavam a todo vapor. E foi assim, de repente, que ele voltou da sua viagem a São Paulo com brilho nos olhos e, em nossa reunião semanal, nos disse:

— Quero estar dentro dos nossos clientes. Não quero ficar esperando que eles entrem em nossa loja, quero ser necessário no dia a dia deles, e não apenas nos momentos em que eles passam por alguma emergência.

Claro que não hesitei nenhum segundo e perguntei.

— O que vamos fazer desta vez?

Em outros tempos, eu teria perguntado: como? Mas depois de alguns anos de convivência, eu sabia que ele já havia pensado e pesquisado tudo, só precisava do nosso apoio para seguir em frente. Aliás, essa era mais uma das suas virtudes, pois ele poderia seguir sozinho com a ideia, e com ou sem sucesso estaríamos do seu lado, mas nunca fez isso; o valor da equipe vinha sempre em primeiro lugar, ele sempre compartilhava tudo e em tempo real, e fazia isso porque acreditava vigorosamente que compartilhar as ideias era a única chance de errar menos. Afinal, quem cria sempre acha que dará certo, por isso, ouvir outras opiniões pode trazer novas opções e até mesmo mudanças significativas na estratégia ou mesmo na concepção da inovação. Mas para isso acontecer, precisa haver confiança entre as pessoas, e isso, entre nós, não era problema.

Dessa forma a resposta dele foi muito surpreendente, ele nos olhou agitado e disse:

— Vou colocar uma máquina de Xerox em cada banco e escola desta cidade.

Como assim?, pensamos todos em silêncio, pois, com aquele brilho nos olhos, era impossível duvidar dele. Aqui vai outra dica: se você, líder, está pedindo ajuda para sua equipe, demonstrar confiança e entusiasmo com a sua própria ideia ou estratégia é e será sempre item de série para motivar e convencer seus seguidores. Mas nesse caso em específico, nossa perplexidade tinha mais motivos: as fotocopiadoras, que na época eram novidade e dominadas pela marca Xerox, que até virou sinônimo de fotocópia, eram caríssimas, e sua assistência técnica estava apenas nas grandes cidades, o que inviabilizava a compra desse equipamento; por tais motivos, os bancos e as escolas preferiam apenas pagar pela fotocópia a um fornecedor, papelaria, em sua maioria, do que fazer esse alto e até insustentável investimento.

Só por nossos olhares de espanto, nosso líder começou a explicar sua ideia e estratégia:

— Não vamos comprar nem vender nenhuma máquina da Xerox, também não quero ter lucro com isso.

Mais uma longa pausa e muitas trocas de olhares, e depois ele continuou:

— Vou locar as máquinas da própria Xerox, já pesquisei essa possibilidade direto na matriz e ela existe, depois vou sublocar aos bancos e escolas, pois, como eu irei locar uma grande quantidade de máquinas, terei melhores descontos na compra de papéis e toner, os itens mais caros. E, em todos os inícios de meses, zeramos os marcadores de cópias das máquinas sublocadas e ao final do mês cobramos apenas pelas cópias tiradas, ou seja, o mesmo preço que eles iriam pagar para tirar as cópias em nossa loja ou em nossas concorrentes, irão pagar com a máquina dentro do seu estabelecimento, e ainda sempre abastecida com papel, toner e assistência técnica que nós forneceremos. — E ainda completou a explicação, perguntando: — O que acham?

Novamente o silêncio pairou sobre nós, mas desta vez com um pouco mais de dúvidas. Foi aí que comecei a repetir toda a sequência:

— Vamos ver se eu entendi, quer dizer que vamos locar várias máquinas caríssimas do fabricante, sublocar para os bancos e escolas, fornecer papel, toner e assistência técnica, não cobrar nada por isso, e ainda cobrar apenas os mesmos dez centavos de cada fotocópia que cobramos em nossa loja, correto?

— Sim — respondeu ele, se mostrando empolgado.

E eu perguntei:

— Muito bem, como vamos lucrar com esse negócio, sendo que a maioria desses clientes já vêm até a nossa loja fazer isso?

Dei de bandeja, né? Era a pergunta que faltava. Sabe naquela reunião gerencial, quando o gestor joga a isca e alguém é fisgado? Então, eu fui o da vez. Mais que depressa, ele respondeu:

— É isso, hoje somos nós que tiramos cópias para eles, a partir desse modelo de negócio, eles irão tirar para nós, e o principal, irão tirar muito mais, pois a comodidade e facilidade em ter uma máquina à disposição deles irá motivá-los. Além do quê, não terão tanto zelo com o serviço e tirarão várias cópias não tão boas, às vezes mais cópias do que realmente necessitam, mas o marcador não distingue cópia certa ou errada, ele apenas conta. Entenderam?

Dito e feito: em três meses tínhamos mais de vinte máquinas sublocadas, e a quantidade de fotocópias que recebíamos dava para comprar quase uma máquina por mês, que era o que eu pensei que iríamos fazer. Doce ingenuidade... Quanto mais o tempo passava, mais o meu pai tirava as máquinas dos locatários e os convencia a comprar sua própria máquina, que seria mais rentável. Confesso que não acompanhava nem de longe a sua linha de raciocínio, mas havia uma explicação, e todas as vezes estava embasada no seu "Manifesto" original. Pergunto a você, que me acompanha nesta leitura: por que ele pensou nas fotocopiadoras? Porque queria estar dentro dos clientes, se tornar ainda mais conhecido, e, principalmente, ter credibilidade e a total confiança deles, correto? Hoje compreendo o que chamam de "sucesso absoluto", pois ele havia criado um novo negócio e, no seu auge, vendeu para seus próprios clientes o que mais cedo ou mais tarde teria acontecido de qualquer jeito, mas com a estratégia correta: ele havia levado todos os méritos, e ainda, de quebra, era representante da assistência técnica, de forma que seria necessário e estaria dentro desses clientes tão importantes e com grandes potenciais de novos negócios.

Porém, com a experiência que ele obteve nos outros negócios, percebeu que no ramo dos novos empreendimentos existe um detalhe primordial para que tudo se desenvolva bem e com êxito, o *timing*. Sim, tempo, mas não estou falando de pressa ou paciência, estou me referindo muito mais ao *feeling*, algo que diferencia os eficientes dos eficazes e os eficazes dos efetivos. O eficiente se satisfaz em produzir o que lhe foi delegado, cumpre horários à risca, bate as metas que lhe foram planejadas, segue as regras e normas detalhadamente, posso chamá-lo de funcionário-padrão, que será sempre necessário e formará a grande maioria das equipes de alta performance. Já o eficaz é aquele que, além de seguir os protocolos, questiona as regras, tenta encurtar caminhos, traz ideias de outras pessoas e até de experiências passadas que teve em outras empresas, não quer apenas a meta, quer a superação, busca a interdependência, é o proativo na essência da palavra. Porém, ainda temos os efetivos, que com certeza são poucos, pois esses são os foras da curva, aqueles inquietos, que vivem com cada gota de suor em prol do todo, sem vaidades, sem rodeios, práticos, claros e objetivos. A meta ou supermeta é apenas uma referência, pois a sua busca é a longo prazo, é a conquista do mercado, de um equilíbrio de receita perene, no qual o sucesso de todos é o seu sucesso.

Com esse cenário, nos vimos mais uma vez de vento em popa, loja estável, serviços de qualidade, receita equilibrada, funcionários chegando ao quarto F, ou seja, tranquilo demais. Então, era hora de mais uma reunião familiar, que, claro, o nosso líder nato, o efetivo, convocou, e nós atendemos de bate-pronto.

Família reunida e quando todos esperávamos as perguntas iniciais famosas do nosso mestre, aquelas do tipo "vocês estão felizes?", alguma nova estratégia de crescimento ou novidade tecnológica que seria agregada ao nosso negócio, vem a surpresa. Com aquele sorriso mais sincero e discreto que já vi em toda minha vida, ele começou:

— Primeiro, quero agradecer a todos pelos esforços e abdicações feitos durante todos esses anos. Quero dizer que nem nos meus mais felizes sonhos eu tinha visualizado tantas mudanças positivas em minha vida profissional, pessoal e familiar e, além disso tudo, posso dizer com todas as letras que AMO o que faço, e também estou muito feliz por vocês dividirem comigo tudo isso.

Após um longo suspiro e com os olhos vermelhos como sempre ficavam quando ele se emocionava, prosseguiu:

— Por isso, acredito que chegou a hora de vocês buscarem isso também.

Como assim, ele estava nos demitindo?

Após ouvirmos isso, fomos nós que nos emocionamos e, em meio a várias trocas de olhares, ele retomou a palavra:

— É isso mesmo, agora já estamos equilibrados e estabelecidos novamente, então, chegou a hora de vocês buscarem os seus sonhos, pois sonhar é o principal combustível da vida, e acredito que o sonho de vocês tem a ver com a busca por felicidade.

Nesse momento, ele puxou um papel velho e todo amassado do bolso da camisa — sempre usava camisas de manga curta e com bolso — e começou a ler a ata de uma reunião que fizemos antes de abrir a doceria, lembram?, quando ele nos perguntou o que queríamos e mais gostávamos de fazer. Pois é, ficamos sabendo naquele dia que todos os dias ele levava aquele papel consigo, era seu combustível para não deixar de sonhar, de acreditar, de entender que, para ser feliz, precisa amar o que faz, mesmo que sejam necessários novos amores ao longo da jornada, pois como bem disse a compositora Ana Vilela: "Não é chegar ao topo do mundo e saber que venceu, e sim se a escalada te fortaleceu".

— Minha filha, você disse que amava dançar e queria ser professora de balé, na época eu falei que você era muito nova e o papai não tinha capital para isso naquele momento, pois bem, você cresceu, já tem 12 anos, eu consegui fazer umas economias, sendo assim, se você ainda quiser, vamos reformar o depósito do fundo da nossa loja e também contratar uma professora de dança profissional e começar o seu próprio negócio, o que me diz? — perguntou ele, segurando o choro.

Nem preciso falar qual foi a resposta: depois de alguns meses, estava em pleno funcionamento a Escola de Dança Vertical Academia, nome escolhido por ele, que hoje, após mais de 25 anos, com outro nome, mas ainda existente vive em pleno vapor em nossa cidade. O sonho da minha irmã se tornou uma realidade de muito sucesso.

Depois de alguns minutos de abraços, beijos, choros e comemorações pela chance que ele estava dando a minha irmã, ele se virou para o meu irmão e disse:

— E você, caubói, ainda quer ser peão de boiadeiro? Mexer com gado, como disse daquela vez? Então, o capital para isso nós ainda não temos, mas, como você ainda é muito jovem, pode começar trabalhando para alguém que tenha mais experiência e quem sabe, daqui a alguns anos, começaremos a investir em algumas cabeças. O que acha?

Claro que já estava tudo acertado: ele havia conversado com um grande fazendeiro da cidade e acertado a possibilidade do meu irmão, com 13 anos na época, iniciar sua carreira de negociador e criador de gado. Hoje em dia, ele tem muito sucesso nesse e em outros segmentos, pois, com todas as experiências que acumulou desde tão jovem, se tornou um dos comerciantes mais perspicazes que conheço.

Minha mãe assistia a tudo de camarote e assim como eu, estava um tanto aflita, pois, além de eu ser o filho mais velho, era o sucessor imediato daquele líder, era eu quem já seguia seus passos, havia até fotografado casamentos sozinho. É verdade que alguns noivos quase tiveram um "treco", quando viram um fotógrafo tão jovem, com o rosto cheio de espinhas, ser o responsável por registrar um momento tão especial e único, confesso que quase morri de medo também, pois naquela época nada era digital, onde se olha a qualidade das fotos e deleta o que não está legal, era tudo muito diferente, a começar pelo preço dos filmes de rolo em papel de 35mm ASA 200 ou, quando dava, 400, de 36 poses, como se falava naquele tempo; além, é claro, do valor da revelação, pois álbum chique era com fotos 20x25cm e não tinha como saber se as imagens tinham ficado boas até depois da revelação, era uma verdadeira agonia esperar sete dias úteis para receber os filmes revelados em copiões negativos de provas.

Mas agradeço todos os dias por ter tido essa e outras oportunidades, e muitas responsabilidades tão jovem, pois me tornaram um adulto maduro, responsável e, principalmente, corajoso, sem medo de sofrer com as decepções, preferindo sempre encarar os problemas e as adversidades como se fossem novas possibilidades e oportunidades de se reinventar. Será que hoje em dia nós, pais, temos essa coragem? Será que estamos permitindo a nossos filhos errarem, tentarem, até mesmo sofrerem com o amargor da derrota? Voltando para as nossas empresas, será que os líderes jovens, modernos, da tal geração "Y", passaram por dificuldades na infância? Não estou falando de dinheiro, mas me referindo a frustações, perdas, obstáculos. Será que eles caíram de árvores quando estavam "roubando" mangas do vizinho? Arriscaram-se em pular o muro da escola para pegar a bola? Encorajaram-se para tirar para dançar a garota mais linda do "bailinho" na garagem da casa do melhor amigo? Será que hoje em dia eles têm um melhor amigo? Ou foram criados numa redoma de vidro, dentro de poucos metros quadrados de um apartamento bem localizado, mas sem espaço nem para se machucar? Onde a mãe invade o campo de futebol para brigar com o técnico porque o seu filhinho está no banco de reservas? O pai discute com a professora do infantil por que ela deixou a filhinha de castigo ou simplesmente falou um pouco mais alto?

Quis compartilhar essa reflexão, pois os líderes de sucesso não são apenas formados nas escolas particulares ou faculdades federais, eles começam sua carreira dentro de casa, em cada estágio evolutivo da sua formação. Precisam, sim, de proteção, atenção, carinho e respeito, mas também dos desafios, obstáculos e dificuldades, mesmo que sejam as mais simples que se pode sofrer.

Foi nesse momento que meu pai, o maior de todos os meus líderes, direcionou aquele olhar meigo e atencioso mais uma vez para mim, e perguntou:

— E você, campeão, vai correr atrás do seu sonho de ser jogador de futebol?

Caramba, era tudo o que eu mais queria na vida, pelo menos naquele momento, eu já estava treinando no time principal da minha cidade e era titular absoluto do time de juniores que iria disputar os Jogos Regionais do Interior.

Não me lembro ao certo o que eu respondi nem se eu ao menos respondi. Sei que, como sempre, a nossa troca de olhares era tão intensa e verdadeira que tudo estava encaminhado.

Minha irmã se tornando sócia proprietária de uma escola de dança com apenas 12 anos, meu irmão indo trabalhar numa fazenda com menos de 14 anos, e eu podendo tentar ser jogador de futebol com 15 anos... Era tudo tão surreal, era mais uma grande mudança para todos, até mesmo para minha mãe, que nem foi mencionada, mas foi tão diretamente atingida quanto nós. Pois foi ela quem passou a ser a sócia majoritária dos negócios; enquanto meu pai precisava sair para os trabalhos externos, era ela que assumiria toda a parte burocrática, comercial e administrativa, ela precisou assumir todas as funções que eram divididas anteriormente por todos nós.

E tudo isso por quê?

Porque eles queriam a nossa felicidade. Certa vez ouvi sem querer meus pais conversando, e se questionavam se estavam fazendo a coisa certa em nos deixar ir correr atrás dos nossos sonhos. Confesso que não lembro de detalhes dessa conversa, mas uma frase do nosso líder me marcou muito, ele respondeu para sua amada:

— Não sei se é a coisa certa, só sei que é o melhor que posso fazer, dar a oportunidade, agora será conquistado por eles o resultado bom ou ruim dessa jornada.

Pergunto a vocês, como estamos conduzindo nossas equipes de trabalho? Estamos dando oportunidades, liberdade, desafiando-as? Ou estamos sendo mães e pais superprotetores, que não permitem erros, que não querem que ninguém se arrisque?

Nossa natureza humana necessita de desafios, detestamos a rotina, adoramos novidades. Prova maior disso é o fenômeno das redes sociais. Por que há tantas pessoas viciadas nelas? Simples, porque sempre que passamos o dedo naquela tela, tem alguma novidade, tem alguém fazendo alguma coisa, com fotos novas ou expondo suas intimidades, tem até cenas que deveriam ter sido evitadas, mas sempre está lá o que buscamos, o novo de novo, o principal da vida, que é estar sempre em movimento.

Assim, eu e meus irmãos, nos abraçamos e nos emocionamos muito, parecia até uma despedida, mas sabíamos que não era, pois a distância nunca supera o AMOR.

7

CARREIRA SOLO

Novos líderes

Entre cinema, casa de doces e loja de fotografia e filmagem, foram sete anos da minha vida, minha segunda infância inteira, dos 8 aos 15 anos. Comparando com os dias de hoje, parece insano dizer que uma criança começou a trabalhar tão cedo, mas podem acreditar, foi tudo mágico, eu vivi os melhores dias da minha vida com aquelas experiências, com aqueles aprendizados e principalmente com todo aquele amor. Isso me fez amadurecer mais cedo, é verdade, mas também me fez ser mais forte e corajoso.

E essas virtudes foram essenciais em minha nova fase da vida, pois o mundo do futebol literalmente não é para os fracos, precisa ter sangue frio muitas vezes e sangue quente sempre, foco e disciplina em tempo integral, estar atento aos interesses de todos, entender que a maioria não está ali pelo sucesso do grupo ou da equipe e, sim, pelo sucesso individual. Alguma semelhança com o mundo dos negócios?

Costumo dizer que a minha experiência no futebol profissional, foi minha pós-graduação em *business*. Tive minha formação numa das melhores universidades do mundo, a família, ao lado do líder nato, aquele que sempre colocava os valores acima de tudo, o qual nunca abria mão da satisfação de todos, ouvia tudo e todos, sempre disposto a melhorar e focado no bem maior, que sempre as pessoas. Mas na pós da vida, aprendi que existe o outro lado da moeda, existem pessoas que não acreditam ou simplesmente não tem valores, ou, que o único valor é o seu próprio bem-estar, seu próprio sucesso. Podem ter certeza de que não foi tão prazeroso como antes, tive, sim, dias felizes, mas nem se comparavam com os que eu já havia vivido em família. Porém, consegui entender a necessidade de passar por isso, percebi muito cedo que as alegrias e frustações, vitórias e derrotas caminham mais próximas do que gostaríamos.

Com meus poucos 15 anos, fui disputar os Jogos Regionais do Interior representando a minha cidade natal, Capão Bonito. Nosso time era muito jovem, entrosado e com vários de nós sonhando com a mesma coisa, a sorte de algum time ou olheiro nos ver e levar para algum time profissional; pois bem, tive sorte e competência para fazer bons jogos, e num deles, o Esporte Clube São Bento de Sorocaba me viu e me convidou a ingressar em seu elenco juvenil.

Mais que depressa, estava eu, tão jovem, sempre tendo trabalhado com a família, sempre vivendo numa cidade com aproximadamente 40 mil habitantes, sempre convivendo com primos e amigos de infância, de repente, morando sozinho numa cidade, na época com mais de 600 mil habitantes, num alojamento debaixo das arquibancadas de um estádio antigo, com garotos de 16 a 20 anos de todas as partes do Brasil e do exterior, naquela época, eram muito comum os intercâmbios, com um único objetivo em comum, se tornar jogador profissional de futebol.

Foram longos quatro anos naquele clube. Por que longos? Só quem viveu num alojamento de futebol entenderá essa minha visão de tempo, tudo lá é vivido numa intensidade absurda, é a chance de mudança de vida para quase todos ali, a esperança de uma família inteira estava depositada naqueles garotos, humildes, de famílias pobres e de lugares distantes da nossa realidade. E essas dificuldades mudam de nome, passam a se chamar esperança, aquela capaz de transformar as pessoas, alguns se submetem até mesmo a quebrar seus valores, por apenas uma chance, passam por cima de parceiros por bem pouco. Realidade dura?

Sim. Muito dura e, acreditem, me fortaleceu, mas posso garantir que nunca me corrompeu, pois minha base de valores havia sido muito forte e construída dentro de uma casa onde a família vem em primeiro lugar, por isso, sou tão grato por tudo que pude viver com meus pais e irmãos; essa base de formação é o alicerce mais firme que alguém pode construir. Hoje em dia estamos vivendo diariamente esses conflitos: são pais que transferem a educação dos filhos aos professores, líderes que transferem a lealdade e o compromisso de sua equipe ao prêmio no final do ano. Coisas que o dinheiro não compra, pois não são bens materiais, são valores, que vêm das pessoas, e pessoas não podem ser compradas.

Confesso que foram os anos mais intensos da minha vida, tanto é verdade que, mesmo após mais de 25 anos, temos grupos de WhatsApp com ex-jogadores, fazemos vários jogos de final de ano para reunir a galera, quando um ou outro está com dificuldades, nos unimos para ajudar, tudo isso porque vivemos juntos o sonho — e saibam que a maioria de nós, não conseguiu realizar. As frustações também unem as pessoas, podem acreditar.

Desde que cheguei ao mundo da bola, percebi que eu era diferente. Por mais que minha família tivesse passado por dificuldades financeiras, seria impossível comparar com as dificuldades de muitos que conheci lá: eu sempre estudei em bons colégios, sempre ganhei meus brinquedos, minhas regalias, sempre fui educado com muito rigor e amor e, de fato, isso não fazia parte do mundo da grande maioria dos garotos. Isso poderia ser usado contra mim, como vi várias vezes acontecer quando um "riquinho" chegava ao clube, pois os outros jogadores mais humildes sempre se colocavam numa posição de vítima e usavam as famosas frases: "Ele não precisa disso", "Quer roubar lugar de quem precisa". Já ouviram isso dentro das empresas? Com certeza, sim, pois hoje compreendo que isso não é uma exclusividade desse ou daquele nicho, acontece em todos os meios em que as pessoas pensam individualmente, em que buscam apenas se garantir, em que há uma tal desigualdade mal interpretada. Por isso está tão em evidência nas empresas que buscam a alta performance e, principalmente, não abrem mão dos seus valores e respeitam seu manifesto, o uso frequente de algumas palavras como:

- Compromisso
- Protagonismo
- Resiliência

Quando o compromisso é exercido ao pé da letra, devemos nos comprometer em cada tarefa, estar alinhado com o objetivo final e sempre trabalhar com o máximo de atenção com as pessoas, entender que não são apenas números, e que são elas que darão o ritmo compassado ou descoordenado de suas equipes. Ao falar de protagonismo, estou me referindo exatamente ao contrário do que eu vivi no meio do futebol, pois lá não havia protagonismo, e sim, individualismo, que são duas coisas completamente diferentes. O protagonismo se refere a assumir suas responsabilidades, ter aptidão por realizar, prazer em buscar novas alternativas, mostrar disposição em tempo integral, e ainda, vigiar seus parceiros para que todos estejam atentos e atuando em sintonia, o que podemos classificar como sinergia. Para concluir, adicionamos resiliência, que é a virtude dos líderes modernos, aqueles que se adaptam rapidamente às novidades, que ressurgem ainda mais fortes nos momentos de crise, se renovam constantemente para fugir da rotina e não têm nenhum receio de pedir ajuda, pois a vaidade perde totalmente a vez para a humildade, fator de grande predominância entre os novos gestores.

Claro que hoje vejo com clareza todas essas etapas e experiência, mas quando era jovem e estava empolgado vivendo o meu sonho de me tornar um jogador de futebol, não tinha tanta clareza nem noção real da força de uma liderança exemplar. Assim, sofri muito preconceito, por ter vindo de uma família de classe média, ter boa instrução, falar bem, ser articulado e ainda ter muita clareza nos meus propósitos. Sem dúvida alguma, isso assusta quem não está acostumado com questionamentos, quem prefere a zona de conforto; quem não tem competência detesta holofotes, pois, quando há clareza nas ações, torna-se possível encontrar detalhes técnicos e operacionais que antes passavam despercebidos. Isso acabou ficando mais nítido para mim após conhecer e ter o privilégio de dividir o palco das palestras com o ator, humorista e comediante Marcelo Marrom. Dentre muitos conceitos, experiências e valores que ele relata em sua palestra, uma história me chamou muito a atenção; ele relata que uma dona de casa muito astuta fazia quase tudo em sua cozinha, mas os mantimentos ficavam alocados numa despensa ao lado, e nessa despensa não tinha luz, pelo simples fato da lâmpada estar queimada, porém, ela estava tão acostumada em trabalhar assim que encontrava tudo o que precisava, apenas com um facho de luz que vinha da cozinha. Até que um dia passou pelo setor de lâmpadas do supermercado e resolveu colocar uma nova em sua despensa; para sua surpresa, quando a luz voltou, ela achou alimentos vencidos, algumas teias de aranha, até mesmo itens que ela havia esquecido que tinha. Moral da história: você pode viver feliz no escuro, sem grandes preocupações e sem tantas exigências, mas, quando vê com clareza, as responsabilidades aumentam, o controle se torna indispensável, as regras viram aliadas e não mais adversárias, e você se sente obrigado ou comprometido a fazer o que tem de ser feito.

Foi exatamente o que eu causei quando me integrei aos "boleiros", pois eles não estavam acostumados com o mundo dos negócios, não tinham vivido as experiências que eu tão jovem já havia vivido, não imaginavam que, se estivessem mais atentos em organizar a vida à sua volta, teriam mais tempo para focar o que de fato importava, que eram os treinos e jogos. Porém, estavam mais interessados em disputar quem tinha mais roupas da moda, carros do ano, as joias mais extravagantes e os cabelos mais estilizados, uma tal de vaidade, sabem como é? Pode ter certeza de que no mundo dos negócios não é diferente: quando a vaidade reina, tudo pode se tornar um caos, e mesmo adotando o senso comum, objetivos coletivos e resultados compartilhados, não basta montarmos "times", precisamos montar "equipes" e ainda, não podem ser quaisquer, precisam ser as de "alta performance". Mas qual essa diferença? Ela está exatamente na qualidade das pessoas que aplicam seus conceitos através de suas atitudes e comportamento, e do ambiente que estabelece regras e diretrizes que influenciaram esses comportamentos. Sim, simples assim, tudo integrado e mobilizado ao bem comum. Por isso, o time não é suficiente, mesmo que ele tenha alguns craques ou alguém fora da curva. No momento em que algo fugir ao controle, não haverá peças de reposição a altura e o desequilíbrio irá se sobrepor às virtudes individuais. Já nas equipes, o equilíbrio reina absoluto; quem sabe não terá um craque, mas com certeza haverá grupos heterogêneos que se completam e formam craques em equipe, e essa sinergia é capaz de se sobrepor à individualidade e apresentar resultados às vezes incompreensíveis para quem não vive o dia a dia dessa realidade.

Com esse pensamento coletivo, eu consegui, por mais de quatro anos, me tornar uma referência entre os jogadores, sempre era escolhido a ser o capitão, o primeiro a dar entrevistas, a negociar valores dos prêmios com a diretoria, a questionar os treinadores sobre alguns dias de treinos puxados demais ou algum esquema tático maluco. Mais uma vez me vi aplicando tudo o que aprendi com meu líder nato, mas é claro que isso me trouxe uma série de consequências, pois eu não era nem de longe um craque dos gramados, era um jogador esforçado, rápido e com muita disciplina. Porém, quando os demais não compram essa ideia, não se comprometem com o todo ou, às vezes, nem compreendem os verdadeiros motivos, as coisas podem não sair como se espera, e quando os resultados não vêm, alguém precisa "pagar o pato", há a necessidade de se achar um culpado, algo muito comum nas empresas mal preparadas, aquelas que perguntam sempre: "Quem fez isso?" ou, ainda, "Quem mandou você fazer isso?". A pergunta correta deveria ser: "Por que aconteceu isso?", pois achar culpado é gestão de consequência, só irá punir, e quem sabe, se não mudarem os processos, os erros continuarão acontecendo, e as pessoas viverão com o castigo; por isso acredito na gestão do risco, na qual estaremos sempre atentos aos detalhes, aos por menores e suas variáveis, e acima de tudo, dialogando com todos os envolvidos. Assim, o medo será substituído pelo aprendizado e o castigo substituído pela recompensa dos bons resultados.

Voltando ao mundo da bola, já se passavam cinco anos desde o meu primeiro contrato assinado com um time de futebol (das categorias de base ao profissional), mas pareciam vinte anos, devido à velocidade e intensidade com que tudo acontece nesse universo. Tive muitos momentos felizes no mundo do futebol, pois joguei em estádios famosos como Canindé e Pacaembu, é verdade também que sempre estavam vazios, tive até o privilégio de atravessar os oceanos e jogar num outro continente, em Jeddah, na Arábia Saudita. Mas mesmo com essas oportunidades improváveis e conquistas que nunca sairão da minha memória, a realidade não era a maravilha que eu sonhava para minha vida, pois, como sempre joguei em times pequenos do interior paulista, já podem imaginar que os resultados eram poucos expressivos, o que sempre me colocava em xeque com meus conceitos. Será que vale a pena? Será que eu estou sendo útil? Mas a mais severa das perguntas era: o quanto eu seria mais produtivo se estivesse num ambiente propício a essas metodologias? E o mais difícil de tudo era ver que minha família estava precisando de mim, se desdobrando para manter tudo em ordem e me dar condições para continuar tentando.

Foi aí que, no meu primeiro ano de profissional da bola, cursando o segundo ano de Educação Física e com apenas 19 anos, resolvi largar a minha curta carreira como jogador. Uma decisão muito difícil para mim e muito surpreendente para todos em minha volta, pois meus treinadores presenciaram tudo o que passei, todas as minhas brigas em prol do coletivo, meus amigos jogadores viveram comigo muitas dessas batalhas, minha família nunca deixou de estar ali, e sonhamos juntos sempre. Mas quem não estava bem com todos esses conflitos era eu mesmo — hoje chamo isso de reflexão interna, ou análise pessoal. Foi entre muitos desses pensamentos que cheguei à conclusão mais dura, aquela que muitos ignoram pela paixão ou esperança de que a sorte bata em sua porta; pode ser que ela até bata, mas, como sempre fui muito mais razão do que emoção, não quis apostar nela.

Assumi que eu não era o jogador fora da curva, o craque. Entendi que o ambiente é importante para se conquistar os resultados e, principalmente, que as pessoas são essenciais para manter todo esse ciclo em pleno funcionamento. E o ponto que mais pesou nessa minha difícil decisão foi que eu poderia encontrar tudo isso dentro da minha casa, aliás, é lá que sempre encontraremos o paraíso, é a esse lugar que devemos sempre voltar, sim, um tal de lar, pois é lá que reencontramos forças para recomeçar, energia de sobra para dar a volta por cima e, ainda, recarregar as baterias com o combustível mais poderoso do mundo, chamado AMOR.

8

DE VOLTA ÀS ORIGENS

Recomeço com o líder nato

8

Após cinco anos morando sozinho e vivenciando uma estrutura totalmente nova e bem diferente da qual eu havia me formado dentro da minha casa e das nossas experiências profissionais vividas em família, estava eu voltando para a origem da minha formação, para casa, para os braços da minha família e também para o seio da empresa que nós havíamos fundado e construído.

Porém, nenhum de nós era o mesmo, eu estava totalmente transformado pelas experiências, decepções, vitórias, derrotas, conquistas e fracassos. Aquele menino de 15 anos que havia saído de casa, com os olhos brilhando e o sorriso da esperança nos lábios, havia voltado um jovem de 20 anos, mais experiente, porém com um semblante menos radiante, pois no fundo eu sabia que havia fracassado e nem tinha alguma desculpa corriqueira, aquelas do tipo, "machuquei o joelho", "o técnico pegava no meu pé", "só se dá bem no futebol quem tem padrinho forte". Nada disso: eu havia desistido por minha escolha, por minhas crenças e por minha visão de que eu não seria feliz vivendo daquela forma, naquele ambiente individualista e sem ética. Voltava para casa para retomar com meus pais o sonho de transformar uma empresa familiar numa referência de qualidade e bons serviços prestados.

Nos primeiros dias, fiquei meio recluso, mais dentro de casa do que fora, mais sozinho do que com os amigos, mas recebi todo apoio e carinho do meu líder nato. Meu pai me acolheu como sempre, me deixou respirar, me deu liberdade de pensar bem se era isso mesmo que eu queria e, principalmente, me deu apoio e conforto.

Hoje vejo a importância desse apoio nas relações entre líderes e liderados. As cobranças são necessárias, seguir as regras também, mas o apoio nos momentos difíceis é o ponto alto de uma relação, seja ela no trabalho ou na vida pessoal. Os líderes que não apresentam essa virtude acabam se complicando no item gestão de pessoas, são sempre elogiados pelos resultados que conquistam, mas por outro lado, muito questionados na maneira de liderar e conviver com os demais.

Nesses momentos, destacam-se os líderes que sempre ouvem, que sempre compartilham, aqueles que desafiam as regras em prol da equipe, que se expõem perante todos para preservar o bom convívio, enfim, aqueles que se colocam até em posições de risco para salvaguardar a união e o bom andamento de todas as tarefas e pessoas envolvidas. Sim, esses líderes existem, não com grande frequência, mas com grande intensidade, são eles que movem as empresas para o sucesso, que estão por aí, precisando de espaço para demonstrar seus valores, e cabe a cada gestor ficar atento às primeiras mensagens, às primeiras atitudes diferenciadas, para proporcionar ainda mais interesse de estudo, trabalho e ambição pelo sucesso para esse perfil de líder.

Foi exatamente isso que aconteceu comigo: conforme os dias iam passando, eu comecei a ir à loja de fotografia e filmagem da minha família com mais frequência e percebi muito rápido que o que eu havia deixado há cinco anos não existia mais, estava muito melhor, mais profissional, com mais funcionários, já divididos em setores, áreas, com o olhar atento do nosso líder, é claro, mas já sem tanta necessidade de intervenções imediatas. Naturalmente me veio um questionamento. “Será que eu teria espaço ali? Será que eu seria necessário?”.

Não demorou muito e meu exemplo de liderança entrou em ação, me chamou para uma viagem até a capital para uma feira de tecnologia e informática, na época, a internet ainda era uma novidade). Fomos conversando muito sobre muita coisa, mais sobre as minhas experiências como jogador; na verdade, ele estava apenas me estimulando a falar, pois sabia que eu estava precisando desabafar, e não poderíamos começar melhor, pois expor nossos medos e frustações não é nenhuma tarefa simples, precisa de um ouvido calibrado e disposto a ouvir — eu tive essa chance, e foi ótimo.

Quando chegamos à tal feira, fiquei maluco com tanta novidade, com as pessoas bem arrumadas apresentando os produtos, os uniformes das *promoters*, os estandes coloridos, as primeiras câmeras digitais da marca Kodak, algo futurista para todos, até para a Kodak, que congelou a novidade por anos e, quando tentou reagir, acabou sendo logo engolida pelas outras marcas. Enfim, era um universo tão rico em novas possibilidades que voltei mais falante ainda em nosso retorno, mas agora não tinha nada de futebol, eram apenas ideias malucas que poderíamos fazer em nossa empresa, o que poderíamos implantar, criar, copiar ou até mesmo desenvolver dentro desse novo mundo. Meu pai me ouvia com aquele bom e velho sorriso de canto da boca, não falava nada, apenas acenava positivamente com a cabeça. Nem vi o tempo passar, chegamos em casa e ainda ficamos conversando um pouco mais na cozinha, minha mãe acordou e passou por nós sorrindo, como quem dizia "tudo voltou ao normal".

No outro dia, acordei mais cedo e fui o primeiro a chegar na loja, já querendo mudar o formato das fotos expostas nas vitrines, o layout dos balcões, enfim, movimentar. Foi quando a reunião familiar foi marcada. Na hora do almoço estávamos todos reunidos: meus pais, proprietários e líderes da empresa; meu irmão, funcionário de um dos maiores fazendeiros da cidade e já proprietário de algumas cabeças de gado e ainda responsável pelas finanças da nossa empresa, pois sempre teve tino para o dinheiro; minha irmã, estudante de balé em uma escola conceituada da região e já proprietária de uma academia de dança, que ficava nos fundos da loja; e eu, o mais novo desempregado da família, mas que não havia deixado de ser um dos herdeiros, afinal.

Com o time formado, nosso líder abriu os trabalhos de forma resumida e direta. Olhou para os meus irmãos e começou:

— O irmão de vocês voltou, decidiu retornar para os negócios da família, dessa forma precisaremos alinhar tudo de comum acordo entre todos nós. Minha sugestão é a seguinte: ao invés de ele fazer parte da nossa equipe, sugiro que ele invista o pouco dinheiro que acumulou com todos esses anos como atleta e comece uma nova loja em outra cidade.

Caramba! Para não falar um palavrão, mas, sim, foi o que todos nós pensamos, meu pai não estava me acolhendo de volta?

Nem preciso dizer que ele estava muito à nossa frente, não é?

Já havia pesquisado tudo, descoberto que um distrito vizinho a 10 quilômetros da nossa cidade iria se emancipar e com certeza precisaria de um comércio mais forte. Além disso, já havia encontrado o ponto, negociado valores e até sinalizado para a prefeitura o seu interesse, pois se tem algo que o mundo dos negócios recebe muito bem, são os pioneiros, aqueles que chegam primeiro e com novidades, vejam, por exemplo, o espaço hoje ocupado pelas *startups*.

Obviamente foi assim que recomecei, abrindo minha própria loja, com todo o apoio da matriz e da minha família, mas sozinho à frente dos negócios. Foi uma escola integral, todos os dias eu abria e fechava, trabalhei sozinho, sem funcionários nos primeiros dois anos da empresa, período em que ainda cursava Educação Física. A empresa cresceu com a nova cidade, formei uma clientela muito fiel, pois, como já havia sido planejado pelo nosso líder, aquela cidade nova e pequena prestigiava quem acreditou nela antes de todos. Nossa matriz também estava muito bem, tanto que abrimos uma terceira loja em outro bairro da nossa cidade, projeto de expansão a todo vapor. Tudo de vento em popa. Opa, essa frase remete a alguma lembrança? Sim, hora da reunião em família.

Todos reunidos, ele começou, dessa vez sem muita conversa, pois estava com uma planta (projeto arquitetônico) aberta na mesa. Era o projeto de demolição do nosso prédio da matriz e construção de um prédio muito maior e com tudo que existia de mais moderno.

Nossa empresa estava completando dez anos e ficando defasada no que dizia respeito ao layout, pois o prédio original era uma casa antiga, que fomos reformando ao longo dos anos, e a academia aos fundos estava crescendo e ficando com mais alunos do que espaço. Perante esse cenário, veio a estratégia. Iríamos alugar um novo ponto, que tinha que ser na mesma rua, pois em cidade pequena o ponto é mais valioso que o prédio em si, e teríamos que deixar a vida confortável que estávamos vivendo para depositar todas as nossas fichas num prédio que comportaria todos os nossos negócios.

A divisão estava planejada assim: à frente, no ponto principal, ficaria a nossa loja de fotografia e filmagem, nos fundos, seria inaugurada a loja e oficina de motos do meu irmão — é, ele estava migrando de ramo, deixando os cavalos com patas para ingressar nos cavalos de potência, pois o que era um hobby para ele, praticar motocross, acabou virando uma profissão, se tornou piloto profissional e ainda um grande empresário desse ramo de motocicletas. Já no primeiro andar ficariam os estúdios de edição e fotos e, no segundo piso, a academia de dança e também uma extensão para ginástica e musculação, pois eu também tinha planos do segundo emprego na academia em virtude da minha vocação para o esporte e formação como bacharel em Educação Física. Um grandioso projeto com mais de mil metros quadrados de área construída e num ponto privilegiado do comércio local. Mas para que tudo fosse concluído conforme o planejado, precisaríamos largar nossas atividades individuais e juntar todas as nossas forças em prol desse bem maior.

Alguma dúvida da nossa decisão? Caímos dentro com toda a nossa força e disposição, abrimos mão de muitas regalias, economizamos cada centavo possível. De todas as mudanças, projetos e sonhos propostos pelo nosso líder, esse com certeza era o mais desafiador, e por vários motivos: estávamos muito mais maduros agora, víamos a possibilidade de erros que antes não eram claros. Um dos motivos que os gestores recuam em muitos projetos é a tal margem de erro, pois, com o aumento do prédio, vinha também o aumento das despesas e, se a receita não aumentasse nessa mesma proporção, a conta não fecharia, além é claro, do número de funcionários, que iríamos precisar triplicar, essa já era a maior das despesas de uma empresa que quer mudar de patamar. Mesmo com essas variáveis resolvemos juntos abraçar todas as incertezas, até porque, na pior das hipóteses, estávamos investindo num patrimônio próprio e muito bem localizado, claro que para nós isso era uma segurança imobiliária para o futuro, aquilo que chamamos de moeda de confiança, mas para o nosso líder, era bem mais que isso. Lembra-se da crise que passamos com os cinemas? Pois bem, um dos maiores problemas para sairmos dela foi que não éramos proprietários de nenhum dos imóveis, sendo assim, não possuíamos nenhum bem que pudesse ser vendido ou até mesmo renegociado naquele momento. Exercício de lições aprendidas: ele não iria correr esse risco novamente, e valorizar o imóvel é, sim, uma estratégia palpável de crescimento, pois além das questões de valorização imobiliária, existe também a importância de demarcar território, se posicionar como uma empresa em franco crescimento e com recursos estruturados, o que inibe a chegada de mais concorrência ou, pelo menos, exige que venha com bons investimentos e eleve ainda mais a prestação de serviço do segmento, o que promove credibilidade para todos, bem diferente da concorrência apenas por preços, que em nosso país é um grande motivo de empresas idôneas se acuarem.

Nossos esforços estavam intensos, proporcionalmente ao andamento das obras, dentro dos prazos e com as receitas bem equilibradas, tudo rodando como um verdadeiro relógio. Estão pensando em mais uma reunião familiar? Infelizmente dessa vez, não. Digo infelizmente por que nós trocaríamos o que aconteceu por todas as reuniões do mundo, mas a vida não é assim, não é feita de apenas bons momentos. E para nós não poderia ter sido pior, as obras estavam mais de 60% concluídas, todos trabalhando muito, com três lojas físicas, vários trabalhos externos, casamentos em sua maioria, e o nosso líder nato envolvido na cobertura das campanhas de três candidatos à Prefeitura de cidades da região. E nesse turbilhão de trabalho, obras, ansiedade e pouco tempo para cuidar da saúde, ele sofreu um grande baque, que resultou em três pontes de safena, trinta dias de internação e mais de seis meses longe dos trabalhos, se recuperando. Foi um momento muito difícil para todos, mas eu e meus irmãos não tínhamos a real compreensão da gravidade do problema, pois até nesses problemas nosso líder nos ensinava; ele não queria atrapalhar o curso das nossas vidas e foi se adaptando para dar conta de tudo, sem que percebêssemos que seu estado de saúde merecia mais atenção e cuidados. Porém, como ele sempre nos ensinou, tudo é aprendizado, eu e meus irmãos nos unimos ainda mais e aprendemos algo essencial dentro de qualquer organização: ninguém é insubstituível. Precisávamos mais do que depressa assumir todas as funções do nosso líder, com certeza sem tanta qualidade no início, pois não cogitávamos a hipótese da sua ausência, aliás, nem imaginávamos que funcionaríamos sem ele. Mais uma lição: entender a palavra "legado", que significa colocar em prática tudo o que foi aprendido na ausência dos líderes, mentores, professores, patrões, pais, enfim, legado é o que se deixa para os outros e principalmente para os mais próximos, em nosso caso, muito próximos.

Com esse legado mais do que vivo em nossa vida profissional, concluímos parcialmente a obra, pois novas perspectivas surgiram, que duraram três longos anos, sendo o terceiro ano sem a presença integral do nosso líder. A primeira delas foi puramente técnica, aprendemos com a chegada do videocassete que a tecnologia do futuro não seria tão distante, da mesma forma, começamos a perceber que não estávamos acompanhando em tempo real as novidades tecnológicas que no final da década de 1990 tiveram um avanço avassalador: das fitas de videocassete, começaram a chegar os DVDs, das revelações de filmes em laboratórios, começaram a chegar os *mini-labs* e revelação em uma hora, já com *insight* das câmeras digitais e cartões de memórias. Com tudo isso sendo sinalizado a nossa frente e, ainda, a ausência do nosso comandante, começamos a questionar as perspectivas de sustentabilidade do nosso negócio em um futuro muito próximo. Concordamos que nossas preocupações eram reais, certo? Ou alguém ainda revela filmes de rolo em lojas especializadas? Graças a todos os nossos olhares estarem mais atentos, e às experiências vividas e não ignoradas, inauguramos uma loja moderna, porém menor que o projeto inicial e com novos itens de valor agregado, como um setor de papelaria mais completo e souvenires para presentes; nos fundos cancelamos a ideia de construir a loja e oficina de motos do meu irmão, pois recalculamos a área e decidimos locar um barracão maior e em uma área mais periférica da cidade em virtude dos barulhos que os motores provocariam numa área central; trouxemos a academia para o primeiro piso e também congelamos as obras no segundo, para sentir como seria a demanda.

Decisões acertadas em praticamente toda a reformulação desse projeto, com um grande diferencial, que foi a tomada de decisões mediante a projeções futuras, algo pouco comum nas empresas pequenas ou familiares, que sempre dançam conforme a música e colocam suas fichas nos resultados do dia vivido, enquanto as grandes empresas pensam a médio e longo prazo, pesquisam o mercado, possuem laboratórios de pesquisa e mantêm equipes procurando novidades e futuras tendências. Não tínhamos todos esses recursos, mas tínhamos experiências e um gestor fora da curva, que aos poucos foi se recuperando e voltando ao trabalho, porém totalmente técnico, com sua atuação totalmente direcionada à mentoria, um consultor de luxo dentro da nossa casa; em termos de hoje, havia se tornado o nosso *coach* de negócios.

É uma das profissões de que não se falava naquela época, mas que cresce absurdamente a cada ano. As empresas modernas entenderam a importância de um olhar mais técnico sobre determinados assuntos, também visualizaram o devido valor de simplesmente receber um olhar externo, o famoso 360 graus. Daquele que está fora do olho do furacão, livre de pré-conceitos e sentimentos, apenas com a função de enxergar a situação atual e tentar viabilizar novas opções de estratégias técnicas e comportamentais para sair da crise ou faturar ainda mais quando se está indo bem. Outra mudança recente foi isso, obter trabalhos de consultoria e *coach,* não apenas nos momentos de crise — na bonança também pode ser muito útil e produtivo esse olhar externo, com experiências agregadoras. Não é à toa a quantidade repentina de tantos novos cursos de formação em *coaches* existentes hoje no mercado, um nicho moderno que surgiu de uma necessidade antiga, porém a qualificação será cada vez mais exigida, já que, se não houver resultados perenes, essa nova classe de trabalho também pode sumir com a mesma velocidade com que surgiu.

Depois de muitos erros e acertos, mas principalmente muitos aprendizados, concluímos as obras. E a comemoração dos dez anos da Foto Vídeo Blóes aconteceu em sua nova casa, conforme planejado. Melhor ainda foram os resultados que o novo prédio e suas novas instalações trouxeram, pois era tudo muito moderno, com uma imensa vitrine de vidro temperado na fachada inteira, o que permitia muita visibilidade tanto das fotos como dos novos produtos, e trouxe mais curiosidade das pessoas que por ali passavam, e conseguimos atingir um público que antes não tínhamos, além de reinaugurarmos com mais uma nova parceria, que era um laboratório de revelação de fotos em uma hora, novidade das novidades. Resumindo: tudo indo muito bem obrigado! Até melhor do que esperávamos.

Opa, essa frase já está se repetindo com muita frequência, não acha? Pois bem, hora de reunião de família.

9

DECISÕES NOVAS DE DÚVIDAS ANTIGAS

Líder solidário

Os próximos capítulos da nossa história começaram bem antes deste momento, naqueles questionamentos sobre felicidade, lembram-se? Pois bem, à medida que cada etapa do nosso empreendimento se concluía, a diminuição natural do trabalho do nosso líder nato se fazia cada vez mais presente. Começamos mais do que nunca a pensar no futuro, em qual caminho seguiríamos sem o comando do nosso mestre.

Meus irmãos estavam praticamente encaminhados, faltava apenas eu decidir se iria acompanhar as evoluções tecnológicas e continuar investindo nas lojas de fotografia e filmagem ou partir para outra. No caso essa outra era a mesma de sempre, pois a minha paixão pelo futebol era tão grande, que eu nunca a havia deixado de lado. Em paralelo a todos os episódios aqui já relatados, concluí minha faculdade de Educação Física, fiz pós-graduação em Treinamento Desportivo, me tornei diretor de Esportes do clube da cidade, coordenava e dava aula numa escolinha de futebol para crianças (sem fins lucrativos), já estava assumindo algumas aulas de condicionamento físico para as mães das alunas de balé da minha irmã, e nunca tinha deixado de disputar campeonatos de futebol ou futsal, fossem eles amadores ou semiprofissionais, em toda região. Assim, nunca me distanciei do mundo dos esportes e das atividades físicas.

Como sempre viajava para eventos esportivos com as equipes em que eu treinava ou jogava e estava sempre em congressos fitness pela faculdade, comecei a observar uma tendência muito forte do crescimento desse segmento. Se antes parecia estar apenas nas grandes cidades, começaram a surgir as primeiras iniciativas de profissionalização nas pequenas cidades, e é claro, eu havia aprendido a importância de ser pioneiro, e dessa vez já tinha até os meios a meu favor, era apenas uma questão de ajustes para ampliar a academia de dança da minha irmã e transformá-la em uma academia de fitness mais completa.

Após algumas boas horas de conversa com nosso líder nato, chegamos ao consenso de que poderíamos vender as duas filiais das lojas e ficar apenas com a matriz e ainda num local menor, onde apenas meus pais e outros poucos funcionários dessem continuidade ao negócio, dessa forma eu poderia me juntar à minha irmã e iniciar esse novo empreendimento. Mais uma mudança? Será que em algum momento elas irão acabar? Espero que não, pois como já dissemos, o que nos move a não parar são as mudanças. Queremos sempre o novo, nos atualizar, renovar e, se possível, nos satisfazer; o problema é que muitos colocam o dinheiro à frente de tudo, e repito, ele deve ser a consequência e não o motivo, o verdadeiro motivo é a missão.

Saímos então em busca desses possíveis compradores; diferentemente de antes, dessa vez, meu pai não quis intervir muito. No início, achei que era pelo seu estado de saúde, mas depois compreendi que fazia parte de mais algumas lições que ele já havia preparado, pois queria que dessa vez eu estivesse à frente de tudo, desde o início, e sem interferências externas, para que pudesse me comprometer em ser cuidadoso, calculista e ainda mais atencioso aos detalhes, porque toda boa negociação requer essas habilidades e, principalmente, uma entrega aos conceitos e valores — que mais uma vez posso descrever com o ganha-ganha.

Acredito que quando se tem esses valores, as portas sempre se abrirão com mais facilidade. Independentemente da crença ou religião, as forças divinas sopram nessa direção, pode acreditar, conosco nunca foi diferente, sempre buscamos os melhores caminhos, tanto para nós quanto para nossos funcionários e parceiros. É verdade que muitas vezes fomos mal compreendidos, ou não soubemos se fazer compreendidos, mas sempre com a ética de caráter imposta como nossa bandeira e lema de vida. Foi assim que, além das duas filiais, acabamos vendendo também a nossa matriz e, pasmem, para os nossos funcionários, claro que com muitas facilidades e uma metodologia que só fui ver novamente recentemente quando acompanhei algumas fusões de grandes empresas para as quais presto serviço atualmente como *coach* nas áreas de desenvolvimento de pessoas. Foi o comprometimento do meu pai, nosso líder maior, em ficar junto com todos esses novos proprietários por mais 24 meses, isso mesmo, ele se comprometeu a dar todo o respaldo técnico e administrativo por dois anos, até que eles estivessem seguros para seguir sozinhos, e também para que os clientes estivessem seguros de seguir com eles. Nossa única exigência foi retirar nosso sobrenome das lojas após esse período, pois estávamos também nos comprometendo a não voltar ao mercado como seus concorrentes. Foi a mais clara e bonita negociação de que já participei até hoje, pois tudo isso aconteceu na maior sinergia, onde todos honraram com cada compromisso, e a melhor parte disso tudo: sem sequer uma linha de contrato escrita ou assinada, tudo apenas apalavrado, como se dizia antigamente. Seria isso possível hoje em dia?

Enquanto esses dois anos de transição aconteciam, eu também aproveitei para concluir minha pós-graduação e já começar as atividades com a minha irmã. Rapidamente os resultados começaram a aparecer, pois eu estava muito atualizado e disposto a trazer todas as novidades desse recém-chegado mundo fitness para a nossa cidade. A aceitação foi muito boa e logo começamos a ampliar os quadros de horário e o tamanho das salas começou a ficar pequeno novamente.

Foi aí que minha irmã me pegou de surpresa. Lembra-se das reuniões de família quando as coisas estão indo bem? Pois é, dessa vez ela convocou uma em particular comigo e, sem papas na língua, me ofereceu a parte dela na academia, pois estava com o casamento marcado e o noivo acabara de ser transferido para o Rio de Janeiro. É claro que nem considerei isso uma negociação, apenas assumi suas responsabilidades como gestor e dei sequência nos planos que já estavam em andamento.

O único detalhe é que resolvi mudar o nome da academia, pois Vertical Academia estava muito direcionado a escola de dança e eu queria que as pessoas olhassem não apenas para uma escola ou para uma academia de musculação (que era a grande predominância na época). Queria que as pessoas vissem aquilo como clube de atividades físicas, que fosse sinônimo de fitness, de saúde e de qualidade de vida, que não só atraísse os jovens atrás de um corpo bonito, mas também os adultos e idosos buscando longevidade e mais saúde.

E foi com esse manifesto, promover a saúde através da prática regular de atividade física, que nasceu em junho de 1997 a QualiVida Academia, hoje CityVida Fisio Fitness, na minha cidade natal Capão Bonito (hoje também em Ribeirão Preto) — a qual com muito orgulho, neste ano de 2019, comemorará 22 anos de história, espero que com muitos ainda por vir.

E assim ingressei no mundo fitness profissionalmente, e até os dias de hoje continuo à frente de quatro academias, duas convencionais em cidades do interior paulista e mais duas *in company*, dentro de multinacionais. Administro tecnicamente e administrativamente onze contratos de Programas de Qualidade de Vida para Empresas, com ações de Ginástica Laboral, Ergonomia e Atividade de Promoção da Saúde e Qualidade de Vida, entre outras campanhas relacionadas aos temas. Com essas gratas oportunidades e experiências, venho ao longo de mais de 20 anos de carreira, já que iniciei nesse ramo apenas em 1997, tendo a possibilidade de atuar e coordenar equipes muito heterogêneas, com uma diversidade de gêneros e qualificações muito ampla, de vários estados e municípios do nosso imenso país, além de manter como sócios, membros de primeiro grau da minha família.

Por toda essa trajetória, me qualifiquei muito como gestor, pois comecei em família, sendo um aprendiz, depois tive uma sócia à qual devo muito aprendizado. Poucos anos depois, reiniciei sozinho, sendo a cabeça e os braços de todas as minhas atividades, evoluí para alguns poucos funcionários, na maioria familiares, depois precisei de mais e melhores parceiros, e hoje, componho a dedo as peças que faltam ou são necessárias para o negócio continuar crescendo, ou pelo menos se manter saudável e sustentável.

10

RETOMADA DA CARREIRA SOLO

Liderança compartilhada

Nos primeiros cinco anos como único proprietário da academia, me dediquei ao máximo para consolidar o segmento, pois, naquele tempo, ter uma academia estável e lucrativa demandava e consumia uma energia tão mais vigorosa que nem de perto se compara ao que é o mundo fitness de hoje. Naquela época, final dos anos 1990, as pessoas não tinham a noção clara da promoção da saúde como necessidade, quem procurava as academias eram as mulheres, em sua grande maioria, homens, apenas os idosos e por alguma recomendação médica, bem diferente do que vemos hoje, com as inúmeras academias espalhadas pelo Brasil, mundo e, ainda, com tantos modelos distintos de gerenciamento desse negócio, uma evolução absurda da demanda e procura de novos adeptos. Por isso, eu estava em todos os congressos possíveis, fazia um curso atrás do outro. Porém, apenas com a receita gerada na academia, eu não conseguia me manter atualizado como gostaria, pois os cursos e congressos eram sempre nas capitais e geravam altos custos. Foi nessa altura da minha iniciante carreira como professor/instrutor que recebi um convite de trabalho, ou melhor dizendo, ganhei o presente e a sorte grande de ser convidado a me tornar professor de Educação Física da escola Conviver, uma pequena e jovem escola particular da minha cidade, e que tinha um atrativo que me conquistou logo de cara, o Método Waldorf de Rudolf Steiner, método que já citei anteriormente, e ainda melhor, eu havia sido aluno dessa metodologia. Além de poder trabalhar com a metodologia que eu acredito, eu ainda consegui equilibrar as contas e continuei me especializando, tanto em cursos das áreas de fitness e gestão em academia, quanto na metodologia Waldorf.

E foi num desses momentos de especialização, fazendo um dos módulos práticos do meu curso de pós-graduação em Treinamento Desportivo na Unicamp, que de repente vi uma turma de alunos, todos vestindo branco da cabeça aos pés, caminhando pela universidade com pranchetas, trenas, medidores de calor, enfim, uma parafernália de equipamentos de medição. Como sempre fui muito curioso, logo estava eu caminhando com eles, para tentar descobrir o que estavam fazendo, e dessa forma, mais do que peculiar, descobri uma possibilidade que viria mudar mais uma vez o rumo da minha carreira.

Eles eram alunos da faculdade de Fisioterapia e estavam cursando o módulo de Ergonomia, algo totalmente novo para mim e para muitos, pois até hoje me perguntam para que serve essa "tal" ergonomia — alguns ainda confundem com "economia"! Mas essa ciência me levou para o mundo das grandes empresas com uma velocidade assustadora.

Ergonomia é a ciência que estuda a relação do homem com o seu ambiente de trabalho e, segundo o papa dessa área no Brasil, o Dr. Hudson Araújo Couto, trabalho ergonomicamente correto é aquele que promove ao trabalhador algumas possibilidades: trabalhar com o mínimo conforto possível, sem abrir mão de nenhum pré-requisito da segurança, e ainda, promovendo o máximo de produtividade. Tudo isso, através de boas práticas posturais, compensações e enriquecimento de tarefas, posicionamento correto das máquinas e equipamentos, tempo de descanso satisfatório, equilíbrio no intervalo de jornada, enfim, utilizando corretamente todos os estudos e recursos possíveis para alcançar o equilíbrio entre homem e esforço.

Não preciso nem falar que passei o resto do dia e dos meus próximos seis meses com aqueles alunos, fiquei apaixonado pela possibilidade de levar mais conforto postural a diversos segmentos de trabalho e para perfis de trabalhadores amplamente diversificados, sem contar o principal motivador do meu interesse: de novo, ser o pioneiro. E esse desafio com o novo sempre me estimulou muito, além de já ter visto ótimos resultados com quem começa na frente.

Terminei minha especialização em Ergonomia com um projeto de combate a LER/DORT (Lesões por Esforços Repetitivos e Distúrbios Osteomusculares Relacionados ao Trabalho) através da prática regular de exercícios físicos na empresa, PGL — Programa de Ginástica Laboral. Com esse produto debaixo dos braços, comecei a visitar todas as companhias da minha cidade, que infelizmente eram poucas, tornando minhas opções limitadíssimas — na verdade, eram apenas duas, uma do ramo de minério (cimento) e outra do setor florestal (eucalipto). Como eu era muito conhecido na cidade por atuar desde criança no comércio local, fui muito bem recebido em ambas as empresas, porém sem grandes esperanças, pois era e ainda é muito difícil as grandes empresas investirem em projetos novos, sem comprovações científicas e ainda sem *cases* de sucesso anteriores para servir de comparativos. Foi a primeira vez que me deparei com um problema em ser o pioneiro, posso dizer que foi minha primeira lição do mundo corporativo.

Se não há histórico nem evidências, consequentemente não haverá possibilidades, ou seja, precisa-se provar e comprovar tudo. Nesse novo mundo em que eu estava ingressando, não há espaço para o "achismo", tudo é registrado nos relatórios, pesquisado nos históricos, conduzido pelo planejamento e mensurado pelos resultados e seus devidos comparativos, tanto interno como externo (mercado).

Voltei para a minha realidade muito frustrado, mas lembram que a frustração também pode ser combustível? Pois é, quando enxergamos o copo meio cheio, ao invés de meio vazio, é isso que acontece com as decepções. Vemos nelas as possibilidades de se preparar melhor, de refazer os pontos falhos e fortalecer os pontos positivos.

Voltei para a faculdade, fui pesquisar melhor os parâmetros de testes, fui entender na prática como seriam as aplicações das avaliações para gerar resultados palpáveis, tudo o que os gestores daquelas empresas me questionaram em minhas visitas, e cujas respostas eu não tinha. Obtive resultados surpreendentes e muito animadores, pois todas as pesquisas apontavam que a prática regular de atividade física, na sociedade, empresas, de maneira individual e/ou coletiva seria a mais forte tendência dos nossos tempos. Alguém discorda disso?

Estava tudo pronto, projeto refeito, eu melhor preparado e muito mais confiante, com o conteúdo e os números que eles queriam visualizar, mas com um grande problema: precisava encontrar um caminho mais técnico e formal para apresentar novamente o projeto. A segunda lição que aprendi em minha primeira experiência foi que, no mundo corporativo, é necessário ter "QI". Não estou falando de Quociente de Inteligência, que é um valor obtido por meio de testes desenvolvidos para avaliar as capacidades cognitivas de um sujeito, a expressão do nível de habilidade de um indivíduo num determinado momento em relação ao padrão (ou normas) comum à sua faixa etária, considerando que a inteligência de um indivíduo, em qualquer momento, é o produto final de uma complexa sequência de interações entre fatores ambientais e hereditários. Não, não estou falando dessa equação, no meu caso estou falando de "QI" de "Quem Indica". Como eu era muito conhecido, na primeira visita que fiz nas empresas, tentei o caminho mais fácil e mais curto para entrar, que era falar com alguns amigos que trabalhavam nelas. Deu certo, mas errado ao mesmo tempo. Fui muito bem recebido em ambas as empresas, mas com pouca credibilidade, pois não era o professor Angelo Otavio que estava sendo recebido para apresentar um projeto de promoção da saúde do trabalhador, mas o amigo do amigo de alguém de lá de dentro. E isso não faz parte da realidade das empresas comprometidas com a ética profissional, algo tão forte que existem Códigos de Condutas, regras de licitações e algo muito em evidência hoje em dia.

Foi diante desse cenário que percebi que não poderia pular etapas, que deveria seguir todas as exigências e me enquadrar nos padrões comerciais das minhas possíveis contratantes. Mas então, como eu seria chamado novamente para apresentar o meu projeto? Como conseguiria a minha segunda chance?

Pode até parecer que todas as minhas experiências profissionais saíram de um roteiro de filme ou de invenção da minha imaginação, mas, podem acreditar, as próximas linhas irão retratar exatamente como aconteceu.

11

DO CARNAVAL AO EMPRESARIAL

Líder social

Minha porta de entrada para o mundo corporativo veio após um desfile cívico, realizado em comemoração ao aniversário da minha cidade natal, 2 de abril de 1997. Imagino que você já não esteja acompanhando muito bem essa linha de raciocínio. Vamos lá, para colocar tudo na ordem cronológica exata, vou voltar um pouquinho no tempo.

Além de todas as experiências que já relatei anteriormente, em paralelo com tudo isso, eu e mais alguns amigos de infância criamos, coordenamos e nos divertimos por mais de dez anos com um bloco de Carnaval que se tornou o mais famoso e mais vitorioso bloco de salão da nossa cidade, chamado Banana Bloco. Tudo bem, ainda não está claro o que isso tem a ver com o mundo corporativo? Vamos lá, nosso grupo de amigos formou o bloco apenas com o intuito de se divertir no Carnaval de salão da nossa cidade, que, diga-se, de passagem, era o mais divertido e animado da nossa região. Pois bem, a coisa foi crescendo, o bloco ficando famoso, eu me envolvendo com o futebol e começamos a expandir as atividades do bloco, quando percebemos, tínhamos criado uma instituição que organizava bailes e festas beneficentes, em sua maioria para angariar recursos para as fantasias de Carnaval. Criamos escolinhas de esportes, vôlei e futsal, fazíamos campanhas sociais, agasalho e alimentos, enfim, atuamos fortemente em nossa sociedade, mas não era tudo tão planejado ou com um viés amplamente social, eram na verdade, apenas motivos de nos reunir e achar atrações para fazer numa pacata cidade do interior paulista. Mas se pudéssemos juntar tudo isso, e ainda ajudar algumas pessoas, não iria fazer mal algum.

Foi por essas e outras várias ideias malucas e atuação intensa nos eventos da cidade, que fomos convidados a participar daquele desfile cívico, por um motivo muito peculiar: os organizadores estavam preocupados com a estagnação das atrações, que sempre eram as mesmas, e gostariam de algo novo para aquele ano, alguma atração diferente, que fosse mais atrativo para o público jovem e estimulasse a criatividade dos alunos das escolas participantes. Cabe aqui mais um paralelo com o dia a dia das empresas e trabalhadores, pois quebrar a rotina, superar expectativas, inovar, conquistar novos adeptos para novos projetos, campanhas internas ou evento para com a comunidade são sempre combustíveis para gerar ações criativas, união das equipes, revelação de novos destaques e, por que não dizer, excelentes ferramentas para geração de bons resultados.

Foi com essa missão de criatividade e inovação que prontamente aceitamos o desafio de colocar um bloco de Carnaval totalmente irreverente e formado apenas por amigos numa solenidade tão séria e de tanta exposição. Confesso que não estávamos tão confiantes no bom resultado, estávamos, sim, muito preocupados, pois não era a nossa *vibe,* não tínhamos nenhum recurso para isso, nem mesmo sabíamos o que iríamos fazer. Mas nessas horas, duas ou mais cabeças pensam muito melhor que uma, e uma das marcas registradas do nosso bloco era o modelo das reuniões para discutir as fantasias, músicas e estratégias das competições. Sempre que esses desafios surgiam, nos reuníamos na casa de um dos integrantes, com muita carne na churrasqueira, cerveja gelada no freezer e uma lousa com alguns pedaços de giz em mãos e começávamos a "viajar", falávamos sobre tudo, surgiam as mais absurdas ideias, porém sempre chegávamos em algumas ações e estratégias que resolveria a situação.

Depois de ingressar no mundo dos treinamentos e *team building*, um conceito inovador para o treinamento de qualquer equipe; literalmente, podemos traduzir como "construção de equipes", mas o conceito não se limita ao fornecimento de técnicas de cada área, treinando cada funcionário em sua tarefa, pode se expandir para atividades e modelo de gestão, aprendi que o que estávamos fazendo na década de 1990, num churrasco entre amigos, num ambiente totalmente liberto de preconceitos, era utilizando mais um modelo de estratégia metodológica para solucionar um problema e/ou criar uma ação criativa para implantar algum processo ou simplesmente descer a rua Direita com um bloco de Carnaval camuflado de banda marcial.

Aplicamos muito esse tipo de trabalho em vários níveis hierárquicos das grandes empresas, onde mobilizamos toda a equipe para um hotel/resort ou simplesmente para o jardim da empresa, para tirá-la do ambiente rotineiro, contratamos instrutores de fora, de preferência de outras cidades, estados e até países, pois até o sotaque diferente abre possibilidades novas, preparamos músicas inusitadas, aromas e comidas diferentes, decoração fora do padrão, alguns quadros abstratos, enfim, estimulamos pontos que não pertencem ao dia a dia daquelas pessoas. Exatamente o que acontecia em nossos churrascos do bloco, mas na época sem a menor pretensão de entender aquela situação como uma estratégia, assim como as ideias absurdas que dávamos, que também têm nome "gringo": *brainstorming*, que, mais que uma técnica de dinâmica de grupo, é uma atividade desenvolvida para explorar a potencialidade criativa de um indivíduo ou de um grupo. Por isso, é tão importante darmos voz as nossas equipes de trabalho; toda e qualquer ideia é viável até que surja uma melhor, mas os líderes precisam estar prontos e preparados para ouvir atentamente, e muitas vezes, além de ouvir, precisam saber traduzir, pois podem ter vindo de pessoas altamente operacionais e com algumas dificuldades até para se expressar e se fazer compreender. Portanto, saber ouvir é o primeiro passo da comunicação eficaz, e fará sempre parte dessas dinâmicas e das relações interpessoais, já que, por mais que existam metodologias, ferramentas didáticas, processos e procedimentos, serão as pessoas que irão executar, e quanto mais envolvidas elas estiverem no processo de criação, formação e aplicação das ações, mais confiantes estarão para alcançar as metas propostas.

Nesse cenário muito criativo a que estávamos acostumados a viver em nosso histórico com os carnavais, nosso grupo apostava alto na irreverência e em alegorias criativas para chamar a atenção do público e comissões julgadoras, mas naquela situação estávamos fora desse ambiente, pois não poderíamos fugir tanto dos protocolos cívicos, não tínhamos verba para grandes alegorias nem teríamos notas de jurados especializados, mas ao mesmo tempo estaríamos sendo julgados pelo público presente, que era nada mais, nada menos que a nossa cidade inteira. Pensamos muito em nos adaptar a essa realidade, pensamos até em nos moldar dentro de um universo mais contido e fora do nosso perfil. Mas é nessa hora de conflitos e dúvidas intensas que o resgate ao passado, ou melhor dizendo, não abrir mão das nossas origens, pode se contrapor ao universo futurístico. Sempre levamos muito a sério as nossas raízes, e nas crises sempre optamos por manter a identidade que nos havia levado a muitos momentos de glória. E quando falo glória, não estou falando de dinheiro ou prêmios, pois esse nunca foi o nosso objetivo, o nosso grande intuito, era apenas nos divertir e levar essa alegria através da irreverência e do bom humor.

Respeitando integralmente essas condições, partimos para cima de várias possibilidades e chegamos ao consenso de que atuaríamos em várias frentes. Começamos a entender a importância da setorização, da divisão de tarefas e, principalmente do papel do líder de frente, chamado de líder de produção na maioria das empresas. Criamos também o motivo principal de participarmos daquele momento, aproveitamos a carona de todas as escolas que desfilavam há mais tempo, aquelas mais tradicionais, que sempre homenageavam a cidade, mas também alguma figura pública importante do nosso país, em sua maioria, políticos ou escritores de obras literárias famosas.

Conosco não foi diferente: escolhemos um ídolo nacional para homenagear, mas não era nenhuma sumidade literária ou mártir da nossa pátria, pois queríamos alguém mais atual, que fosse mais próximo do nosso estilo irreverente, alguém que as crianças também conhecessem e de quem gostassem.

Foi com essas prerrogativas que por unanimidade resolvemos homenagear a banda Mamonas Assassinas, que infelizmente havia, há um ano, morrido num trágico acidente.

Pegamos emprestado um caminhão de um amigo, decoramos como um palco em dia de show, escolhemos integrantes do nosso bloco com características físicas parecidas, ou nem tanto, mas com cara de pau suficiente para descer a rua principal da nossa cidade, com todos os cidadãos assistindo, e eles fantasiados de Batman, He-Man, e outras fantasias que a banda sempre usava.

Além do carro alegórico, tínhamos mais um problema, que era a banda, pois nosso bloco, tocava apenas marchinhas. Como iríamos transformar um bloco de Carnaval em uma fanfarra, e que ainda tocasse "Pelados em Santos", maior sucesso da banda, que mencionava uma Brasília amarela?

Quem vocês acham que ficou com esse setor? Sim. Eu fiquei com esse desafio, de em menos de dois meses, ensaiar um grupo de amigos, sem muitas habilidades musicais, a se transformarem numa Banda Marcial ou pelo menos chegar perto disso.

Como sempre tive muitos bons contatos e relacionamentos, liguei para um professor de uma escola famosa por suas grandiosas fanfarras, de uma cidade da região e, depois de muito insistir, consegui três músicos e o maestro para dois ensaios semanais até o dia do desfile. Acho que foi o primeiro grande feito de que participei dentro de grandes eventos; hoje em dia, um dos segmentos em que atuo, e com muito prazer, é o de organizar as grandes festas de empresas: promovo todos os detalhes desde a infraestrutura, atrações artísticas, decoração, brindes e ainda atuo como cerimonialista, coordenando tudo e todos. Às vezes me perguntam de onde me veio essa veia artística, sempre me esquivei da resposta, pois tinha até um pouco de vergonha em dizer que das minhas experiências da juventude, com carnavais entre amigos e um ou outro evento isolado como esse desfile, mas hoje, após tantos anos, percebi que é impossível ignorar as raízes, principalmente os da juventude, pois são elas que marcam a nossa personalidade, aquela busca por desafios, por liberdade e por conquistas, tão presentes nessa fase da vida, precisam ser revisitadas com certa frequência, para não deixar essa chama jovem se apagar e fazer o espírito se manter vivo.

Faltando uma semana para o grande dia, estava tudo praticamente pronto, ensaios nos ajustes finais, decoração do caminhão com tudo encaminhado, nossas namoradas da época (algumas se tornaram esposas, quase todas...) ensaiando como balizas e portas-bandeiras, enfim, tudo acontecendo dentro do planejado. Foi nessa hora que um dos nossos integrantes comentou:

— Está tudo muito legal, mas se tivesse uma Brasília amarela seria muito mais impactante!

Aquilo soou como música para meus ouvidos. Lembram-se do meu lema de se preocupar quando está quieto demais? Pois é, saímos feito doidos em busca do tal carro. A poucos dias do evento, queríamos alugar, comprar, emprestar, de qualquer jeito uma das marcas mais conhecidas daquela famosa banda. Pode parecer que seria uma tarefa fácil, já que naquela época, e, em uma cidade pequena do interior, teríamos várias opções de "Brasílias", e sim, muitos conhecidos possuíam esse modelo popular de carro, mas quem iria nos ceder um, ainda com a dúvida de se iríamos devolver no mesmo estado de conservação?

Foi aí que um amigo chegou com uma Brasília branca, caindo aos pedaços, mas com carta branca para usarmos. Foi o toque mágico que faltava, pintamos o carro com tinta látex, amarela, é óbvio, decoramos com riqueza de detalhes e, cada vez que o motorista acelerava, uma fumaça amarela saía pelo escapamento — um dos nossos integrantes era dono da casa de fogos de artifício mais conhecida da região, foi um show pirotécnico da década de 1990.

Enfim, chegou o grande dia, estrategicamente pensado, esperamos todas as escolas desfilarem e, após alguns minutos do desfile encerrado, algumas pessoas estavam até se preparando para ir embora, quando uma bateria de fogos de artifício anunciou o começo do único desfile da fanfarra Banana Banda Show. Confesso que hoje, assistindo aos vídeos e revendo algumas fotos, posso dizer que não estava tão glamoroso, mas a lembrança que tenho deve ter sido abalada pelo sentimento único de realização e dever cumprido, algo que o dinheiro não compra, aquelas coisas que só quem viveu pode contar, algo mágico apenas para quem fez parte.

É o que conhecemos como "orgulho organizacional", quando funcionários se reúnem para fazer algo fora do seu escopo, como por exemplo o Dia de Sol, uma ação que algumas empresas promovem para descartar o que não se usa, limpar o que não se limpa no dia a dia, reorganizar os armários, enfim, botar ordem na casa. E por que esse nome? Porque é feito num sábado e de preferência com muito sol, pois enquanto alguns funcionários realizam o trabalho, outros preparam o churrasco e tudo mais, para confraternizar com as famílias ao final de tudo pronto. Foi com esse sentimento inesquecível que descemos aproximadamente mil metros das principais ruas da nossa cidade, com todas as alegorias e os detalhes que já contei, e tocando apenas quatro músicas: abrimos com o tema do filme *Rocky – Um lutador,* "Eye Of The Tiger"; depois o tema do nosso carro alegórico, com a música "Pelados em Santos"; para a frente do palco, onde era o momento mais solene do desfile, em que apresentaríamos às autoridades o grande momento da nossa banda, como sempre, fomos abusados, criativos e surpreendentes, ousamos apresentar nada mais, nada menos que "New York, New York" de Frank Sinatra; e para fechar, "Parabéns a você", em homenagem ao aniversário da cidade.

Por tudo o que já relatei, esse evento foi uma das emoções mais intensas que eu me recordo daquela época, mas, olhando para trás, entendo que tinha algo a mais envolvido, ou posso dizer algo a menos, sim, menos dinheiro, menos compromisso, menos medo de errar, menos inveja, menos arrogância e menos vaidade. Éramos apenas um grupo de amigos de uma cidade pequena, sem grandes atrações e diversões eletrônicas, precisávamos sempre inventar algo para nos reunir e nos divertir, precisávamos sempre estimular nossa criatividade, e estamos perdendo isso hoje em dia. Estamos escravizando nossos filhos atrás de produtos prontos, de compensações para nossa própria falta de tempo. Eu tenho coragem de desafiá-lo a lembrar: quando foi a última vez que jogou bola com seus filhos? Andou de bicicleta? Soltou pipa? Brincou de pega-pega ou pique-esconde? Ou simplesmente conversou sobre sua infância e juventude?

Ao menos pense nisso e, se você ainda não é pai ou mãe, faça essa provocação a quem você conhece e está vivendo essa situação. Muito bem, mas o que essa experiência da minha vida tem a ver com a segunda chance de apresentar o meu projeto de Saúde do Trabalhador, refeito, para a maior empresa da nossa cidade?

Vamos lá, estou chegando nessa conclusão, pois, no dia seguinte, acordei um pouco mais tarde, claro que estava cansado além do normal, mas era aquele cansaço de rei como dizia minha sempre sábia vó Amália, quando tudo é intenso, exaustivo, mas dá certo, se torna extremamente prazeroso. Foi aí, perto da hora do almoço, que o telefone da minha casa tocou, e ainda com aquela voz meio rouca, atendi, e quase fiquei totalmente sem voz para responder o que estava sendo perguntado do outro lado da linha. Pois era a coordenadora corporativa da comunicação interna daquela grande empresa do setor de eucaliptos, que estava me ligando e fazendo a seguinte pergunta:

— Você é o responsável pela fanfarra Banana Banda Show?

Não sabia se deveria responder sim ou não. Vai que havíamos feito algo de errado...

Mas ela continuou.

— Eu estava ontem no palco a convite do prefeito, e fiquei impressionada com o que vocês fizeram. Nós teremos um evento interno aqui na empresa, onde será inaugurado um Núcleo de Educação Ambiental, e toda a diretoria da empresa, inclusive o presidente nacional, virá. Portanto, gostaríamos de saber: quanto vocês cobrariam para abrilhantar nosso evento e também tocar o Hino Nacional Brasileiro na sessão solene de abertura?

Era algo que eu jamais imaginaria, aonde estávamos e aonde poderíamos chegar, era uma avalanche de possibilidades, o que ela estava propondo. Mas, com certeza, seria algo muito mais difícil, com uma responsabilidade ainda maior, eu precisaria pensar, conversar com a galera, enfim, entender se daríamos conta de mais esse desafio. Porém, antes da minha resposta, ela se antecipou e disse:

— Só tenho um problema, você precisa responder agora, pois meu evento será daqui a três dias.

Para quem já estava sem fôlego, aquilo foi um golpe final, fiquei sem palavras por alguns segundos, e a única coisa que me veio à cabeça foi que era a minha chance dupla: chance de incorporar mais uma atividade em meu currículo e ainda ter acesso para dentro do lugar que eu mais queria estar naquele momento. Com essa percepção de oportunidade, minha resposta simplesmente mudou a minha vida inteiramente e internamente até os dias de hoje.

Respirei fundo e disse:

— Claro que vamos, estaremos aí com certeza. Pode confirmar nossa presença, só me dá um tempo para eu levantar as despesas e te passar os valores.

Agendamos uma reunião presencial para o final daquele dia, ou seja, eu teria mais ou menos quatro horas, para levantar todos os custos, viabilizar os materiais, comunicar os integrantes do bloco, certificar da disponibilidade de cada um e, ainda, ensaiar o Hino Nacional.

Saí desesperado procurando algum integrante do bloco para me ajudar, mas meu tempo era curto e todos tinham suas obrigações, foi aí que resolvi mudar os planos. Me questionei:

como iremos levar o nosso bloco? Todos trabalham, e o evento seria na manhã de uma quinta-feira. Sabemos apenas quatro músicas, as quais demoramos dois meses para aprender, em dois ensaios semanais, e ainda contamos com músicos de fora para reforçar a banda, como iríamos ensaiar o Hino Nacional em menos de dois dias? Seria impossível.

Aprendi recentemente com o estudioso em evolução da tecnologia, Ph.D. em Administração de Empresas, renomado escritor e um dos professores mais respeitados da Fundação Dom Cabral, professor Paulo Vicente Alves, que, na crise, fazemos coisas inimagináveis e nunca antes pensadas. Quando saímos da ZC em busca dos nossos sonhos e oportunidades, se sobressaem os diferenciados, ou, pelo menos, aquele que tem mais coragem e vontade, aqueles que se arriscam mais. Acredito que a segunda opção seja a minha, pois nunca me faltou coragem nem muito menos vontade para fazer o que precisava ser feito. Tenho como lema pessoal um jargão antigo que diz: "Me arrependo apenas das coisas que não tentei fazer".

Foi nesse momento de reflexão que resolvi ligar para o maestro da banda da cidade vizinha e pedir ajuda. Mais uma vez fui atendido prontamente, pois ele também tinha interesse de mostrar um projeto cultural para a mesma empresa. Estava vivendo ali meu primeiro *networking*.

Networking é uma palavra em inglês que indica a capacidade de estabelecer uma rede de contatos ou uma conexão com algo ou alguém. Essa rede de contatos é um sistema de suporte onde existe a partilha de serviços e informação entre indivíduos ou grupos que têm um interesse em comum.

É uma palavra inevitavelmente relacionada com o contexto empresarial e indica uma atitude de procura de contatos com a possibilidade de conseguir subir na carreira. Apesar disso, *networking* não é uma atividade egoísta, em que você só quer se aproveitar de uma pessoa para o seu próprio bem. Deve existir um sentido de reciprocidade, o benefício deve ser mútuo, porque mesmo que uma pessoa seja mais experiente, ela sempre pode aprender alguma coisa com outra.

Quando uma empresa precisa contratar, frequentemente aborda os seus funcionários e pergunta se conhecem alguém na sua rede de contatos que possa desempenhar determinada função. Quanto melhor for a capacidade de *networking* de uma pessoa, maior é a sua probabilidade de ser indicada para um cargo quando surge a oportunidade.

Networking é conhecer as pessoas certas, que podem dar uma referência ou fazer uma indicação.

É importante salientar que *networking* não é apenas conseguir novos contatos, mas também saber manter os contatos que já fez no passado. Além disso, no *networking* é mais importante a qualidade do que a quantidade dos seus contatos.

Resumindo, interesses iguais encurtam negociações. Acertamos que ele traria sua banda marcial principal, completa, com todos os seus alunos mais experientes, e ainda, sem nenhum custo, eu precisava apenas conseguir o transporte e alimentação.

Nem preciso dizer o quanto minha reunião no final de tarde foi rápida. Fechei os detalhes com a empresa e, no dia combinado, executamos o trabalho com maestria.

A banda marcial tocou, além do Hino Nacional, um vasto repertório de clássicos, o que agradou a todos os exigentes convidados. Eu fiquei encarregado da logística, recepção e posicionamento da banda, sempre dando meus palpites na infraestrutura e condução das atividades, pontos esses que me aproximaram muito dos organizadores do evento.

Conclusão, atendi a solicitação do cliente e ainda consegui a minha chance de me aproximar do caminho que eu buscava, que era entrar nas grandes empresas para apresentar meu projeto de Saúde do Trabalhador.

12

ENTRAR É FÁCIL. DIFÍCIL É SE MANTER

Líder convincente

Sim, foi por esse caminho que me aproximei novamente da empresa que viria ser até hoje a minha principal contratante, pois neste ano (2019) estou comemorando 20 anos ininterruptos de contrato com uma das maiores empresas do Brasil.

A banda foi um sucesso, a contratante adorou o meu empenho como organizador, e depois desse, vieram muitos outros eventos em que vim a trabalhar como produtor e condutor de festas para os filhos de funcionários no mês das crianças e Natal, churrascos com as equipes quando batiam suas metas, como monitor ambiental nas visitas da comunidade às fazendas da empresa, e até me tornei escoteiro para cuidar de um trabalho social patrocinado por eles. Hoje penso em todas essas experiências, até com um pouco de dúvida, se necessitava fazer tudo aquilo, mas rapidamente a dúvida desaparece, pois, tudo aquilo vivido dentro de vários modelos de eventos e sempre cuidando de muitos interesses simultâneos, foi a minha terceira escola, a base de construção dos meus relacionamentos, onde aprendi a ouvir as necessidades das pessoas envolvidas, a superar as expectativas. Afinal, em eventos empresariais, sociais ou comemorativos, não se pode apenas fazer o combinado, deve-se sempre surpreender tanto quem o contrata como quem vai para participar, pois evento bom é aquele em que todos estão satisfeitos, inclusive as pessoas que estão trabalhando.

Porém, eu ainda não estava feliz. Com certeza, estava muito grato com tudo aquilo que estava acontecendo, mas o que eu queria mesmo era uma chance de apresentar o meu Projeto de

Saúde do Trabalhador para o setor de HSMT (Higiene, Segurança e Medicina do Trabalho).

Mais uma vez, compreendi que, nas grandes empresas, os caminhos nem sempre são únicos, o leque de possibilidades está sempre aberto, precisa haver sinergia entre as áreas, entre os líderes dos setores. Para viabilizar a implantação de qualquer novo programa, a área em questão precisa ter orçamento para o novo investimento, contar com uma equipe especializada, e tudo deve estar muito bem descrito e redigido no projeto, assim como o planejamento de todo processo de implantação passo a passo deve estar totalmente estruturado. E o mais importante são os funcionários da área que irão receber o novo programa: eles precisam ser conscientizados dos benefícios que receberão e, dessa forma, estarão abertos a pelo menos tentar realizar as ações propostas.

Conhecendo a fundo toda essa cadeia, recuei novamente, pois em minha cabeça, eu iria implantar um projeto ergonômico para a empresa inteira, ajustando os postos de trabalho e implementando a ginástica laboral para todos. Entendi rápido que isso não era viável. Eu precisava descobrir qual área teria mais necessidade de receber essas ações e me proporcionaria as melhores condições para a construção desse projeto.

Precisava descobrir quais setores poderiam interromper sua jornada para realizar os exercícios, períodos de pausas, conhecer as reais atividades desses trabalhadores, saber suas exigências posturais e osteomusculares, dia típico, levantar o histórico ambulatorial das possíveis lesões relacionadas a esses itens, queixas médicas e CIDs — Classificação Internacional de Doenças, por fim, presenciar e viver um pouco o cotidiano deles, para entender o relacionamento entre eles, clima organizacional.

A partir dessa expertise, hoje em dia, aplico esses quatro parâmetros para analisar todas as condições de trabalho dos meus clientes. Faço um levantamento minucioso em todas as áreas e setores em qual irei atuar, independentemente das ações que irei implantar, desde a implantação dos programas de saúde e segurança, ou até mesmo com ações mais pontuais, como palestras e treinamentos. Conhecer o público alvo e suas reais necessidades e expectativas minimizará em muito a chance de erro e promoverá absurdamente a possibilidade da eficácia das ações.

Vou passar uma visão prática de como faço isso, para obter informações para o PQV, Programa de Qualidade de Vida, ou para minhas palestras, sejam elas motivacionais ou técnicas:

Períodos de pausa: é muito importante descobrir quais são os momentos em que os funcionários podem interromper sua jornada laboral e quebrar a rotina, seja para um descanso livre ou até mesmo para uma mudança para uma atividade mais leve naquele momento. Isso fica muito claro quando estamos falando de pausas para compensação das estruturas osteomusculares, mas o que isso tem a ver com uma palestra motivacional? Tudo! Pois descobrir que o ambiente de trabalho em questão promove a liberdade dos funcionários interromperem suas funções em alguns momentos do dia, além dos já garantidos por lei, nos dá uma informação muito relevante referente ao nível de atenção que eles demonstrarão na palestra ou treinamento, pois estão acostumados a programar as pausas, dessa forma não ficarão aflitos em retornar às linhas de produção. Isso fará toda a diferença ao nível de aprendizado: sem preocupações externas, mais relaxados eles estarão, mais presentes, e principalmente, mais soltos para entrar no clima proposto, consequentemente interagirão, apresentando suas dúvidas e experiências. Da mesma forma, estarão mais disponíveis para participar dos programas de exercícios que serão implantados através da ergonomia.

Dia típico: essa é uma análise técnica que realizamos nos projetos ergonômicos para identificar quais os músculos mais envolvidos em cada tarefa, descobrir quantos movimentos são realizados naquele turno, se as tarefas estão num único ciclo ou subdivididas por períodos e etapas do processo, analisamos cada segundo do trabalhador, até mesmo os períodos de descanso, para saber se são suficientes. Uma análise completa do dia, e com conclusões muito importantes sobre os níveis de cansaço, estresse e até produtividade em relação ao desempenho físico. Ficou claríssimo que essas análises são indispensáveis para a ergonomia. Mas e para as palestras e treinamentos? Também são importantes? Muito!

Depois que comecei a investigar sobre isso, tento sempre que possível negociar os melhores horários para as palestras e cursos, para que os trabalhadores estejam em condições físicas adequadas para se manterem concentrados, atentos e participativos, para que sejam ativos e não apenas passivos ao contexto. No meu início de carreira, enfrentei gestores que me colocavam dentro de uma sala de aula para ministrar cursos técnicos (chatíssimos) logo após o almoço dos trabalhadores, ou, ainda pior, eu pegava os trabalhadores no final do turno, praticamente "mortos", nem preciso contar o que acontecia.

Óbvio que não era eficaz, mas mesmo assim, tirei proveito dessas experiências, e hoje em dia explico a qualquer gestor que exige qualidade da minha performance nos treinamentos que é uma divisão de 50 a 50 por cento.

Sim, eu assumo os 50 por cento de eficácia que estão relacionados ao meu conhecimento, metodologia que irei utilizar, didática que aplicarei e, ainda, muita energia que disponibilizarei, mas o cliente assume os seus 50 por cento, que estão relacionados a infraestrutura, como local climatizado, som adequado, projeção nítida e, melhor horário de execução das palestras, em que o público alvo compareça descansado e sem pressa para retornar ao trabalho (dentro do prazo estipulado previamente, é claro).

Queixas médicas e CIDs: nem preciso me alongar em relação aos motivos dessa pesquisa quando falamos em saúde do trabalhador. Fica claro que sem um histórico de queixas médicas não será possível identificar as causas, nem muito menos criar estratégias de compensação das estruturas osteomusculares mais comprometidas. Assim, ter acesso a essas informações é a base técnica desses programas.

É igual em minhas palestras, pois esses indicadores se tornam um dos pontos mais importantes de pesquisa prévia. É com essas informações que consigo me aproximar da realidade do público, principalmente nas palestras técnicas (Saúde, Qualidade de Vida, Ergonomia e Segurança do Trabalho), que me possibilitam ter mais cuidado com os exemplos de acidentes, de doenças ou falhas que irei apresentar, para não correr o risco de expor nenhum funcionário ou causar algum desconforto emocional.

Clima organizacional: nesse item, não há nenhuma diferença entre os projetos; sejam eles de saúde, segurança ou motivação. Precisamos saber se as pessoas se relacionam bem, se têm aberturas com a liderança, apoio nos momentos difíceis, se o que é descrito nos banners e sites da empresa é de fato o que é praticado. Enfim, esse entendimento é indispensável quando se trabalha com prestação de serviço e ainda mais forte quando essa prestação de serviço está relacionada diretamente a mudança de comportamento.

Dificilmente alguém terá sucesso em trabalhos relacionados a formação de equipes de alta performance, ou programas relacionados a qualidade dos serviços prestados, se o dia a dia é constituído pela pressão e opressão.

Escrevendo essas linhas, passou um filme na minha cabeça do início da minha carreira nas grandes empresas, e um questionamento me veio com muita força: por que eu não estava atento a tudo isso naquela época? Impossível, pois essas informações chegam em nossas carreiras por dois caminhos.

Primeiro e mais fácil, estudar muito, ler muito, conversar muito, pesquisar incansavelmente tudo o que já foi feito sobre aquela matéria. E posso afirmar, com muito peso na consciência, que essa não foi a maneira que eu descobri. Nessa hora, eu aprendi que, para ser bem-sucedido no mundo dos negócios, não basta apenas ter começado muito cedo, ter sido o pioneiro, ter um senso criativo aguçado, ter muita coragem. Você pode até entrar nas empresas com essas qualidades e virtudes, mas raramente se manterá lá. E quem escreve aqui é alguém que sentiu isso na pele.

Explico. Com o estreitamento do meu relacionamento com vários setores da empresa após os eventos que eu estava realizando lá dentro, descobri que o setor em que as pessoas mais se queixavam de dores e cansaço postural ao final da jornada de trabalho, era um com muitos trabalhos repetitivos, sem grandes esforços de força, mas com desvios posturais significativos e um quadro de funcionários dominado pelo sexo feminino. Ou seja, tudo o que eu mais queria: um público receptivo, histórico de dores e possibilidade de mudanças posturais.

Na minha curta e inexperiente percepção de trabalhos perenes, essas informações bastariam. Triste ilusão. Quando falamos de trabalho sério, com foco nos resultados e melhoria das condições humanas, as variáveis são inúmeras, as possibilidades de reavaliação de projetos, de mudanças e até mesmo interrupção temporária de planos são reais. E, é óbvio, eu nem imaginava isso, pois não tinha me preparado tão bem, não era conhecedor a fundo do meu próprio projeto nem tinha parâmetros mensuráveis para apurar se estava no caminho certo.

Mesmo assim, consegui a oportunidade de implementar o meu Programa de Saúde do Trabalhador com base na ergonomia e ginástica laboral nesse setor, com um período de testes de três meses (de setembro a novembro), sem nenhum custo, nem para mim, nem para a empresa contratante. Era uma oportunidade para eu mostrar o meu trabalho, e se, obtivesse bons resultados, iríamos negociar para o próximo ano.

Lembro-me como se fosse agora da minha felicidade em conseguir essa oportunidade. Como é bom ter um voto de confiança, eu trouxe essa experiência intrinsicamente para o meu dia a dia, onde procuro dar o máximo de liberdade para as pessoas em minha volta, promovendo a capacidade individual e coletiva das equipes de trabalho. Acredito que estava tão empolgado que cheguei como um tsunami nos postos de trabalho: num ambiente totalmente conservador, que segue regras e procedimentos em tempo integral, com seus uniformes pálidos e seus EPIs (Equipamentos de Proteção Individual), entra de repente um professor de Educação Física, com agasalho de tactel, tênis da moda, camiseta colorida e uma caixa de som para animar as aulas, era o mesmo que encontrar alguém de terno e gravata em Fernando de Noronha. Além desse estereótipo diferente de todos, cheguei com a animação em alta voltagem, no começo acredito até ter assustado com tanta empolgação; por outro lado, foi essa mesma empolgação e paixão que me fizeram ficar, pois muitos comentários eram: "Ele é animado, né?", "As aulas são agitadas", "Sempre tem alguma novidade!".

Estava implantando ali o que mais tarde fui compreender como "enriquecimento de tarefa". Pode ser apenas mudar a função e atividade durante o dia ou em dias alternados da semana, como também a implantação de um programa de exercícios físicos que tenham o objetivo de aquecer, alongar e/ou compensar os grupos musculares que irão atuar durante aquele período. O período de adaptação foi rápido e em menos de duas semanas eu estava integrado com as equipes e sendo muito bem aceito ao dia a dia laboral delas.

Sem perceber, mais rápido do que alguém pode imaginar, a ZC me pegou, entrei na zona mais perigosa que o mundo corporativo pode proporcionar, estava me sentindo em casa, como se diz no interior. Foi nesse momento que meu mundo desabou. Ainda faltava algumas semanas para o fim do meu contrato de experiência, quando a líder do HSMT me procurou e disse que o diretor viria do escritório central corporativo que ficava em São Paulo e queria conhecer meu trabalho, pois já havia recebido ótimos feedbacks.

Saí dali com dois sentimentos, o primeiro de alegria, pois estava repercutindo bem dentro da empresa, e o segundo de medo, mas muito medo mesmo, pois não tinha nada documentado para apresentar.

Imediatamente, corri para a minha sala para tentar montar alguma apresentação, na época em slides impressos em folhas transparentes para retroprojetores. Fiquei até tarde da noite nesse trabalho, ou melhor dizendo, na tentativa.

Foi nesse momento que entendi que em cada projeto, seja ele de saúde, segurança ou liderança, nosso foco está diretamente ligado ao comportamento das pessoas e sua mudança de atitude; compreendi a duras penas que existem etapas desse processo cultural que nunca poderão ser ignoradas. A seguir, a minha interpretação resumida sobre cada momento:

1º) Projeto macro: elaboração de um projeto macro, com objetivos gerais, claros e bem divididos nas etapas de médio a longo prazo, com um panorama geral do histórico da empresa e possíveis melhorias que virão com o desenvolvimento técnico e operacional das próprias ações que serão realizadas. As datas de conclusão de cada ciclo devem constar no cronograma geral do projeto, pois todas as demais etapas estarão cobertas por esses prazos e recursos gerais.

2º) Pesquisa de mercado: comparar esse projeto com outros já disponíveis no mercado, visualizando e identificando os pontos fortes e fracos de tudo que já foi aplicado dentro e fora daquela empresa. Entender de fato a palavra *benchmarking*, que pode se resumir em um processo de comparação de produtos, serviços e práticas empresariais, e é um importante instrumento de gestão. Não cometer os mesmos erros, sejam eles, internos ou externos, alinhar-se à realidade de mercado e se posicionar frente as possíveis mudanças são os principais motivos dessa ação.

3º) Etapas de implantação: divisão das etapas do projeto, principalmente com a criação de um projeto piloto, que terá começo, meio e fim, com prazos previamente determinados, no projeto macro, e conclusões mensuráveis de cada ciclo concluído, comparativo de mercado. Um erro clássico é pular essa etapa, pois na ansiedade de aumentar a área de atuação ou o número de envolvidos, muitos expandem os projetos sem antes terem certeza que estão no caminho certo. O projeto piloto é o laboratório prático para minimizar erros e/ou recolocar os objetivos principais de volta ao norte das ações.

4º) Mensurar resultados: apresentação de todos os resultados conquistados em cada fechamento de ciclo, com suas devidas avaliações técnicas, e não apenas subjetivas, além do comparativo do antes e depois do projeto (histórico da empresa).

Com um detalhe muito importante: mensurar resultados não significa levantar informações, pois informações por si só não têm tanto valor, o que precisamos é do nível de conhecimento sobre o que aquela informação está nos dizendo, sabendo analisar os dados, recomendar ações e construir novas estratégias, baseadas em fatos, nunca no "achismo".

5º) **Proposta específica:** após a primeira etapa concluída, a apresentação da proposta consolidada e com plano de expansão para as demais áreas se faz necessária. Muitos me questionam, argumentando que isso já constava no projeto macro, sim, pode até constar, mas de forma geral, agora estamos falando de ações específicas a cada realidade e necessidade do setor e pessoas, onde usaremos como referência os resultados obtidos no projeto piloto e suas análises. Dessa forma, cada novo setor pode ter uma estratégia diferente, e assim, customizamos as necessidades e minimizamos erros e perda de tempo.

6º) **Manutenção planejada:** depois de todo projeto implantado, vem a parte mais difícil, que é manter as pessoas focadas e motivadas. Nesse momento, a metodologia de ações de manutenção do programa e suas atividades entra em ação, com estratégias simples e objetivas, criamos ações diferentes da primeira etapa, mas com os mesmos objetivos. Em muitas das vezes, as ações são até as mesmas, mas apresentadas com um layout novo, frases e nomenclaturas mais atualizadas, infraestrutura mais moderna, ou seja, sempre com um upgrade. É claro que o entusiasmo dos treinadores é essencial nessa fase, pois se os líderes não forem exemplo de empolgação, não existem adeptos empolgados.

7º) **Questionário de satisfação:** sétimo e último passo, e nem por isso menos importante, é a aplicação do questionário de satisfação em cada participante do projeto, desde o piloto até a manutenção, ou seja, avaliar cada fechamento de ciclo. Mas, aqui, não estou falando de números, receitas, gráficos etc. Estou me referindo a conhecer e identificar o sentimento e experiência de cada um, onde utilizamos mais uma vez a palavra empatia, pois entender as necessidades de outras pessoas não é uma tarefa fácil, porém quando conquistada, torna tudo muito claro e todas as novas ações começam a fazer sentido e os ciclos começam a se renovar de maneira natural. Não se trata mais de uma exigência da empresa ou critérios legais, mas, sim, de contribuir com mudanças que favorecerão e melhorarão o ambiente de trabalho e o relacionamento interpessoal.

Em qual estágio o meu programa se encontrava?

Muito bem, no meu caso, eu só tinha o item 1. Ou seja, só o projeto macro e sem nenhuma avalição do antes e durante, quanto mais do depois. Seria impossível estabelecer qualquer tipo de comparativo de resultados sem nenhuma metodologia de mensuração. Enfim, eu havia me empolgado e pulado etapas essenciais para o meu sucesso, na verdade, pulado todas as etapas.

Porém, ficar chorando ou reclamando do que eu não tinha feito, não iria me ajudar em nada. Mais um aprendizado: "Reclamar não leva a lugar algum". Eu não tinha outra alternativa, precisava preparar alguma coisa para a reunião com o diretor. Dessa forma, coloquei praticamente a minha monografia e a minha ideia de projeto ideal em 45 slides. Hoje ministro palestras de 60 minutos com no máximo 20 slides, só para termos uma noção que o conteúdo não está no número de páginas e sim nas informações, que nesse caso eram o controle operacional, mensuração de resultados, divulgação das fontes de pesquisa e comparativos, protocolos de avaliação e muita expertise do assunto.

13

PALESTRA DEBUTANTE

Líder despreparado

Até hoje, com toda certeza do mundo, foi a minha pior e mais difícil apresentação. Havia umas trinta pessoas no auditório da empresa, cargos variados como de supervisores, coordenadores, gerentes e um diretor vindo de fora, para, entre outros projetos, conhecer o meu também, seriam vários projetos apresentados, tanto por funcionários internos como por prestadores de serviços, como eu. Na ordem, eu seria o quinto a me apresentar.

Cheguei bem cedo, com os primeiros que iriam falar, sempre gostei e acho muito importante viver o evento em sua totalidade, acompanhar todas as atividades, pois assim fazemos parte, e quando isso acontece, os exemplos e analogias ficam muito mais próximos da realidade daquele público e possível cliente.

Enfim, as apresentações começaram, e aí eu fiquei ainda mais nervoso, pois eram de alto nível, com gráficos extremamente rico em detalhes, layouts bem elaborados, condução da sequência e ordem dos slides muito bem respeitadas, além de excelentes oratórias. Meio que sem saber como eu iria me sair, comecei a retirar alguns slides da minha pasta, aqueles que eu estava percebendo que não iriam agregar em nada, pois todos os que me antecederam eram sucintos, claros e objetivos, com no máximo dez slides cada, numa apresentação que durava, quando muito, 20 minutos. O que eu iria fazer com mais de 40 slides? Aqui cabe outra dica valiosa, saber como será a sequência do evento, o perfil do público e como foi preparada toda a programação, desde o início até o término; essas informações farão com que a margem de erro e assuntos repetidos minimizem.

Minha hora estava prestes a chegar, o quarto apresentador estava posicionando o último slide. Eu não sentia mais minhas pernas, é um nervosismo inexplicável, a boca seca, as mãos gelam, as pernas tremem; em meio a todas essas sensações, ouvi a mediadora chamar meu nome.

Posso comparar minha caminhada até o palco com a caminhada daquele jogador que vai bater o último pênalti da final da Copa do Mundo, é algo que se vive poucas vezes. Terminei de arrumar meus slides, me posicionei meio que de costas para a plateia, nunca cometam esse erro, mas eu precisava ler os slides, já demonstrando que não dominava o conteúdo. Nas poucas vezes que eu olhava para a plateia, parecia que era míope, estavam todos e tudo embaçado; era o estresse tomando conta de mim. Nesse momento dificílimo, só me lembro de uma voz santa gritar lá do fundo do salão.

— Não vai fazer ginástica laboral antes de começar, professor?

Como Deus sempre foi bom para mim, parecia que aquele grito vinha dos céus. Todos riram, eu inclusive, e o diretor, que estava com as pernas cruzadas, com os óculos na ponta do nariz e se mantinha assinando documentos que a secretária executiva passava para ele, me olhou e disse:

— Por que não, professor? Já estamos há mais de duas horas sentados, vamos "espreguiçar" um pouco.

Ouvindo aquele comando, todos começaram a se levantar, eu já olhei muito mais confiante, pois agora estava em meu habitat, dispensei o microfone e, entre um alongamento e outro, sempre vinha uma orientação e até umas piadinhas para descontrair. Foi sucesso, todos participaram e se divertiram. Fiquei muito à vontade e o cenário estava novamente favorável.

Comecei então a apresentar o que já havíamos realizado no setor do projeto piloto desde o primeiro dia. Estava tudo caminhando muito bem, eu já falava com mais segurança e a grande maioria dos presentes estava prestando atenção, porém o diretor continuava distraído assinando os documentos, pelo menos era o que eu achava, quando de repente, ele levanta os olhos por sobre os óculos de leitura, direciona o olhar ao slide que estava sendo projetado na parede e me pergunta:

— Por que os resultados foram tão baixos na terceira semana de projeto?

Caramba, nem eu, que havia feito os slides, tinha percebido isso. Acho que por isso ele era diretor! Aprendi que ninguém chega a cargos tão altos se não tiver competência, pois há muita coisa em jogo, muito dinheiro envolvido, muitas famílias que dependem do sucesso de todos os projetos, não há espaço para falhas, para o mais ou menos. A busca por excelência está só nos ambientes vitoriosos, quem se acostuma com a derrota não tem forças para mudar o ritmo, para refazer a rota, detesta mudanças e não se atentam aos detalhes.

Olhei para o gráfico, tentando ver alguma resposta lá, pois eu nem imaginava por que naquela semana em específico, os índices haviam caído. Foi quando, mais uma vez, uma voz dos céus falou:

— Professor, essa semana teve feriado, e alguns tinham banco de horas e não estavam presentes na empresa.

Salvo pelo gongo mais uma vez, mas quando não se está preparado, mais cedo ou mais tarde a máscara cai e você é desmascarado. Pode ter certeza da frase: "Quem não tem competência não se estabelece".

No meu caso, eu estava tão mal preparado que, mesmo com tanta sorte e ajuda dos demais funcionários, eu consegui estragar tudo; minha avó já dizia: "Quem fala demais dá bom dia para o cavalo". Foi o que eu fiz. Se tivesse apenas agradecido a pessoa da plateia que havia me alertado do banco de horas e seguido em frente, o diretor voltaria a assinar os documentos e eu passaria por mais aquela aprovação, mas não, minha boca e vontade de aparecer para o chefe eram maiores que isso, quis na verdade mostrar que eu já havia percebido que era isso, quando na verdade eu nem imaginava. Sabe quando um colega de trabalho tem uma ótima ideia e compartilha com o outro colega, mas ao invés de incentivá-lo a seguir em frente, a pessoa tenta roubar a ideia? Bem, uma hora a verdade aparece. Era eu naquele momento, me virei para o diretor e disse:

— É verdade, foi feriado. E como os funcionários emendaram, tinham "menas" pessoas nos setores.

Isso mesmo, eu falei "menas", no feminino. Pela expressão de terror que alguns rostos fizeram após ouvir aquela palavra, percebi que havia dito alguma besteira, e pior, nem sabia qual era. Mas o diretor sabia, me olhou novamente e disse.

— Então, professor, concordo com você que foi uma semana atípica, mas – respirou fundo, olhou para a secretária e continuou –, a palavra menos, de acordo com a nossa gramática, não deve concordar com nenhuma outra, pois não deve sofrer variação. Com isso, "menas" é uma "palavra fantasma", ou seja, deve ter seu uso eliminado, já que, de acordo com a norma padrão, é inadequada. Independentemente da situação, sempre deve se usar "menos", no masculino. OK?

Depois desse supletivo de português em tempo recorde, meu chão saiu de baixo dos meus pés, derrubei os slides, fiquei mais do que vermelho, suava frio, estava completamente fora de mim.

Acho que ele percebeu o meu estado de pânico e me deu mais uma chance, me olhou apenas e balançou a cabeça, como quem diz, segue o jogo, perdeu o pênalti, mas ainda não soou o apito final. Tentei me recompor, mas confesso que não me lembro de quase nada do que aconteceu depois daquele fatídico "menas", a não ser por ter complicado ainda mais minha situação. Sabe aquela máxima "tudo que está ruim, pode piorar"? Pois bem, é a origem da Lei de Murphy.

Então, esse homem era eu. Quase no fim da apresentação, o diretor me olhou novamente e tentando me jogar para cima novamente, disse:

— Professor, gostei do que eu vi, apenas melhore os gráficos e insira as bases das fórmulas para podermos discutir com mais detalhes.

Acho que eu nem absorvi o que ele havia orientado e já rebati.

— Pode ficar tranquilo, doutor, naquela época os altos escalões eram chamados de doutor, irei montar tudo e anexar junto no relatório, isso mesmo, eu disse anexar junto.

Ele me olhou pela última vez naquele dia e explicou:

— Isso é um pleonasmo, se você irá anexar, já estará junto.

Poderia ter dormido sem essa, não? Claro que não, eu merecia, precisava entender que só a minha boa didática para dar aula, só o meu carisma e entusiasmo não seriam suficientes, nesse meio tão competitivo dos negócios precisamos buscar a excelência, ser os melhores, estudar, ler, escrever, falar bem, pois somos formadores de opiniões. Mas a lição final ainda estava por vir — é, ainda teve mais, e pode ter certeza que foi melhor de todas as lições, que até hoje considero a mais importante para a minha carreira.

Estava eu sozinho no palco, cabisbaixo, segurando as lágrimas, enquanto alguns coordenadores e supervisores passavam por mim e me cumprimentavam, com as frases:

— Valeu, professor!

— Até amanhã na aula.

— Parabéns pela apresentação.

Aí, não consegui mais conter o choro, pois, além do vexame que tinha sido, ainda teria que aguentar a galera tirando sarro. Mas um dos coordenadores tinha uma amizade mais próxima comigo, pois sua esposa e filha eram alunas de dança na escola da minha irmã e, percebendo minha frustração, se aproximou e disse a mesma frase:

— Parabéns, professor, seja bem-vindo ao nosso time!

Olhei para ele, e desabafei:

— Como assim, você viu o desastre que causei. Acho que não terei coragem nem de dar aula amanhã.

Ele me olhou nos olhos e disse.

— Você não entendeu nada, não é? — E continuou: — Preste atenção, você recebeu uma grande oportunidade hoje. Aquele homem lhe deu a maior das chances que um jovem com o seu talento poderia receber, pois ele o corrigiu em público, pode ter certeza que só fez isso para você melhorar. E ele só faria isso com alguém que ele tivesse percebido que daria conta do recado. Em resumo, ele viu muito mais potencial em você do que você mesmo vê. Quer um conselho?

Sem nem conseguir falar de tanta emoção, sinalizei que sim com a cabeça. E ele completou:

— Não desperdice essa chance. Estude mais, se prepare, entenda que o seu projeto precisa gerar resultados, precisa provar que esses resultados serão perenes, por isso, bola pra frente e foco no trabalho, pois você já provou que tem potencial. Basta agora assumir o controle, se reorganizar dentro dos padrões que esta empresa exige e nunca desanimar quando um problema ocorrer, pois estamos aqui para isso, resolver possíveis problemas.

Então, ele me cumprimentou com um forte aperto de mão e saiu batendo de leve em minhas costas.

Todos foram para o almoço, menos eu. Fiquei lá sozinho por mais de 40 minutos, pensando em tudo, chorando mais um pouco, respirando fundo. Quando as equipes começaram a voltar para a segunda parte do evento, eu já tinha me recomposto, e fiquei firme até o final. Conversei com todos, tirei dúvidas, agradeci a quem eu pude pela oportunidade, apenas não tive coragem de falar com o diretor, mas este mundo é pequeno, e sonho em um dia ter a oportunidade de ficar a sós com ele, relembrar daquele dia e, é claro, agradecê-lo muito.

Essa lição mudou a minha vida, consegui o contrato, que hoje é o mais antigo de todos os meus clientes, e ainda com vários sonhos e novos possíveis projetos a serem realizados. Construímos um elo, um vínculo de parceria e respeito tão forte que muitos acham que eu sou funcionário daquela empresa, mas não, ainda sigo como prestador de serviço terceirizado. Mas, podem ter certeza, daquele dia em diante eu agradeço a todas as pessoas que me criticam, que chamam a minha atenção, que me corrigem quando ainda deslizo em meus erros de português. Tanto isso é verdade, que, dentro da minha equipe, temos um ritual: logo após encerrarmos qualquer evento ou palestra, nós ficamos vários minutos juntos, discutindo sobre alguma frase ou palavra em que eu me equivoquei, algum gesto ou movimento de expressão corporal inadequado que eu possa ter utilizado, alguma brincadeira desnecessária que eu fiz com alguém da plateia. Faz muito bem realizar esse exercício no calor do evento, naquele mesmo ambiente, até mesmo, repetindo ou simulando os gestos, pois, quando deixamos para fazer isso no dia seguinte, ficamos em dúvida se eu havia falado ou não, ou na dúvida de qual contexto teria sido usado aquela determinada expressão, enfim, quando se perde o *time* certo, pode se perder, principalmente a valiosa chance de melhorar a performance, seja ela técnica ou performática mesmo.

E isso não cabe apenas para palestrantes, aulas ou funções do gênero, mas a todas as inúmeras vezes que precisamos usar a oratória ou exemplo prático em prol do ajuste fino das futuras ações.

Líderes modernos

Os líderes modernos precisam entender essa importância, devem colocar em seus vastos currículos, além de todo conteúdo acadêmico, a "arte da comunicação", sim, arte, e não estou me referindo a falar bem, quero ir muito mais além disso, quero que as pessoas sejam compreendidas, que se façam compreender, que seja de fato uma via de mão dupla entre locutor, interlocutor e receptor, todas as esferas da comunicação eficaz. Quem sabe seria possível fazer o uso de perguntas como: vocês entenderam? Estão compreendendo o que estou tentando explicar? Ou simplesmente, desejam que eu repita? Mas para conquistar esse nível, precisa-se de preparo, estudo e muita prática e experiências reais. Acredito que os diversos cursos de oratórias com suas metodologias modernas da era digital podem, sim, trazer melhorias, porém, buscar boas leituras e colocar em prática em diversos momentos e ambientes diferentes pode ser um caminho mais construtivo. Tenho minha vida como esse exemplo, pois sempre naveguei em diversos setores, com públicos heterogêneos e de várias regiões do Brasil e até de outros países, o que me fez compreender que não existe uma única didática ou metodologia para se expressar bem, precisa-se sempre conhecer o público alvo e dominar minunciosamente o assunto que será abordado, para poder adaptá-lo de acordo com o grau de entendimento dos receptores.

Tenho acompanhado várias situações onde é nítido que, após uma reunião, um simples DDS (Diálogo Diário de Segurança), o locutor pergunta se todos estão acompanhando o raciocínio, se estão entendendo os objetivos, as regras, enfim, se conseguirão aplicá-las. Todos os receptores balançam a cabeça em sinal de positivo, concordando que sim, mas quando esse líder deixa o ambiente, a troca de olhares se inicia e todos meio que constrangidos ficam à espera de que alguém assuma a frente e aplique a metodologia que acabara de ser explicada, porque, no fundo, a maioria dos presentes não entendeu nada, não estava atenta, em virtude de algumas brincadeiras que sempre estão acontecendo nessas reuniões, as famosas distrações de rotina, ou, até mesmo, não tinha capacidade técnica para compreender o assunto, ou o locutor usou termos técnicos muito complexos, ou até mesmo palavras de sua região ou estado, que naquele lugar não se fazem comuns. Somando todas essas possíveis falhas, ainda tem mais um grande problema hoje em dia, pois parece que é proibido levantar a mão e dizer que não está entendendo, parece um crime não saber o que aquela sopa de letrinhas quer dizer, ou conhecer os termos em inglês que estão sempre sendo incorporados no mundo dos negócios.

Muitas empresas adotam campanhas de segurança todos os dias pelo mundo, existem muitas propostas interessantíssimas, bem elaboradas, com identidade visual atraente. Mas uma das mais simples e diretas que conheço é: “Na dúvida, não faça”.

Ou seja, comunique-se, converse com seus pares, peça ajuda aos líderes. Isso acontece na prática? Sim e não. Infelizmente não em sua grande maioria, por quê? Porque, quando o NÃO é predominante para essa pergunta, quer dizer que estamos tratando de empresas empiristas, em que a voz dos colaboradores é pouco ouvida, vivem naquela máxima, “manda quem pode, obedece quem tem juízo”. Ainda não aplicam a gestão de risco, estão sempre na gestão de consequência, onde armas como a opressão e o medo estão sempre empunhadas nas mãos dos gestores. Os líderes comandam pelo poder e não pela competência.

Em contrapartida, as empresas que têm a resposta SIM estão a caminho da efetividade, do senso de dono, líderes que atuam pela autoridade e responsabilidade, que compreenderam a importância do cuidado mútuo, do suporte que precisa ser dado a todos, independentemente do grau de instrução ou nível hierárquico. Nesse modelo, a porta estará sempre aberta para todos, o diálogo aberto acontece em tempo integral. Porém, podem ter certeza, essa opção, é muito mais trabalhosa, exige muito mais esforços, com níveis de atenção a tudo e a todos, estado de alerta máximo. Penso que esse seja o único motivo por que algumas empresas e alguns líderes ainda não migraram para esse lado — quem sabe, foram envenenados pela ZCE (Zona de Conforto Eterna).

Isso é algo que não combina com empreendedorismo. Muitos confundem essa palavra, acham que empreender ou ser empreendedor, cabe apenas àqueles intencionados em abrir e gerenciar seu próprio negócio. Mas na verdade, todas as empresas no mundo necessitam de profissionais empreendedores, que buscam o crescimento e desenvolvimento contínuo, se alimentam das novidades, descartam as vaidades e menosprezam o desânimo. Porém, não é nada fácil manter-se nesse gás o tempo todo. Acabei de conhecer um empreendedor português (Miguel Gonçalves) que em uma de suas palestras apresentou um *insight* ótimo, quando disse: “A palavra empreendedor termina com DOR”, ou seja, vai doer, sim, acordar um pouco mais cedo ou dormir um pouco mais tarde para finalizar aquela apresentação, vai doer, sim, sair do trabalho e correr direto para a faculdade ou curso técnico, vai doer, sim, perder os sábados de folga dentro de uma aula de inglês ou espanhol, vai doer muito mais, ficar longe da família em datas especiais, em virtude da sua escala de turno, enfim, para esse desenvolvimento profissional que estamos relatando resumidamente aqui, vai doer, sim, todos esses esforços, mas os fortes resistirão, os perseverantes se manterão, e os mais habilidosos vencerão.

14

MAIS UMA MUDANÇA EM VISTA

Líder camaleão

Após conseguir assinar meu primeiro contrato com essa grande empresa, minha vida entrou em ebulição, foi a verdadeira mudança da água para o vinho — ou do vinho para a água, já que para mim a água é mais benéfica, mais limpa, clara, pura, e foram essas qualidades que escolhi para minha vida, minha carreira: ser sempre e em todas as circunstâncias honesto, em todos os sentidos, mas principalmente comigo mesmo. Sabe o que é falar e fazer o que de fato acredita? Então, achei que isso seria fácil, mas nesse mundo dos negócios não é bem assim.

Estava eu recém-saído do meio do futebol, onde nada é muito claro e limpo, depois vivendo no comércio acirrado de uma cidade pequena, onde em alguns momentos as pessoas prejudicam as outras sem muitos remorsos, simultaneamente dentro da faculdade, onde o individualismo reina, e ainda dentro de clubes e escolas particulares, onde o ego e as vaidades são soberanos. De repente, você soma tudo isso, multiplica por quatro e cai dentro das grandes empresas.

Sim, hoje vejo com clareza que nada disso é privilégio desse ou daquele nicho, em qualquer ambiente competitivo essas intercorrências se fazem presentes. Confesso que me assustei um pouco mais no ambiente corporativo, eu nunca tinha visto grupos de pessoas que atuam na mesma empresa, no mesmo negócio viverem tão separados, praticamente como estranhos. Para mim, isso era o final dos tempos, pois eu vinha de uma escola totalmente familiar, onde levávamos para casa os problemas da empresa, mas de uma forma positiva, onde nos uníamos ainda mais para superá-los, pois era claro que só dependeria de nós. Mas nas empresas eu vi o distanciamento, as pessoas não assumiam os compromissos coletivos, faziam o seu e pronto. Não estavam ali pelo todo, mas apenas pela sua parte, e ainda quando estavam em crise ou havia algum problema eminente, a grande maioria nunca era a responsável, sempre queriam achar um culpado: ou era o chefe que havia mandado fazer de forma equivocada, ou o outro turno, em sua maioria o turno da noite, pois não estariam lá para se defender, ou até mesmo o folguista que ninguém nunca sabe quem é. Um total erro de percepção, estavam cegos tentando achar um culpado, não focavam em achar as possíveis soluções. É o que acontece quando não se está atento a cada etapa do processo, quando não se tem o "senso de dono".

Contudo, com o passar do tempo, percebi que também havia o outro lado da moeda. Confirmei com meus próprios olhos que, sim, existem empresas tão bem estruturadas que mesmo estando separados fisicamente em muitos setores, muitas áreas, muitos líderes de perfis diversificados, células com modelo de gestão completamente diferentes, separados muitas vezes por quilômetros de distância, e que nunca irão ver o presidente ou o CEO, muito menos um membro da família do fundador, respeitam as regras, os procedimentos, os valores da organização, enfim, profissionais burocráticos. Isso não é tão ruim como parece: de acordo com Max Weber, os atributos da burocracia moderna incluem a impessoalidade, a concentração dos meios da administração, um efeito de nivelamento entre as diferenças sociais e econômicas e a execução de um sistema da autoridade que é praticamente indestrutível.

Estou me referindo ao grande poder da burocracia, das normas claras e bem definidas, com as quais não se precisa ter o dono olhando para tudo em tempo integral, na verdade, posso perguntar: "Quem é o dono? Onde ele está? Quem de fato manda?".

Eu fui educado pelo meu líder maior, meu pai, sempre tentando aplicar esse tipo de gestão, sem dono e ao mesmo tempo com todos sendo o dono, fomentando a independência para que todos possam decidir; basta lembrarmos do episódio da minha venda do balde de sorvete de morango, eu tive total liberdade de decisão. Mas por outro lado, ouvi praticamente de todos os outros líderes que haviam passado por minha carreira até aquele momento a célebre frase: "O gado só engorda aos olhos do dono". Acredito que deve ter sido por isso que me apaixonei pelo mundo corporativo imediatamente, pois tudo o que meu líder nato tentou aplicar a vida inteira dentro da nossa empresa familiar, dentro da nossa casa, e que, muitas e muitas vezes, ele tinha sido desacreditado por nós, pelos seus fornecedores, parceiros e até mesmo por clientes. Estava ali, diante dos meus olhos, eu estava vendo um *déjà vu*, pois tudo o que meu pai pregava em nossa vida e eu não tinha percebido com clareza estava naquela nova oportunidade acontecendo como um relógio de engrenagens lubrificadas, girando silenciosamente, ritmado, pontual, sem que precisassem de alguém para ditar esse ritmo, pelo menos não aparentemente, embora, claro que todas as reuniões de planejamento e diretrizes, todos os treinamentos, todas as planilhas e checklist, e principalmente as análises de resultados, tragam isso para as equipes. Mas além de tudo isso, havia um algo a mais, o verdadeiro motivo do porquê das coisas acontecerem de forma tão ajustada, sim, estou me referindo novamente a um tal de compromisso, que, para mim, é a verdadeira disciplina, o encontro de ambições, a luta por sucesso, mas sem desfocar dos objetivos comuns, e quando falo comuns, falo das pessoas e da empresa.

Lembro-me do meu espanto e perplexidade quando descobri que os funcionários não tinham cartão de ponto, apenas preenchiam uma planilha caso suas horas fossem excedidas no final do mês, ou seja, confiança máxima. Tudo aquilo estava diante de mim, e eu queria fazer parte, queria viver daquela maneira. Entrei de corpo e alma, me encontrei tanto com aqueles líderes que queria ficar ao máximo ao lado deles, para aprender, entender e fazer como eles, ou também como não fazer, pois sempre existem as laranjas podres. Mas posso afirmar que não tenho como agradecer a nenhum líder em especial, pois todos que passaram pela minha vida contribuíram e ainda contribuem absurdamente e de forma muito intensa para a minha formação pessoal e profissional.

Entendi rápido que não haveria escola melhor do que aquela, uma escola que associava a teoria com a prática, juntava estudiosos com braçais, altos salários e assalariados, experientes com novatos, arrogantes e humildes, fortes e nem tanto. Essa é a verdadeira diversidade corporativa, equipes heterogêneas, que se completam. Porém essa diversidade também pode gerar estresse, e que bom, pois lembra que quando está quieto demais não é bom sinal. Pois bem, podemos chamar esse estresse de fricção, lembram-se dos quatro Fs? Para mim, esse segundo F, a fricção, é o mais importante, não se acomode com os bons resultados, mas também não desanime com os piores, seja inquieto sempre, todos os dias são novos, cada amanhecer é uma chance de fazer a diferença, é por isso que a vida é tão bela, pois nada é para sempre, temos uma chance a cada minuto, uma escolha a cada segundo, uma decisão a cada milésimo, e o mais legal, esse ciclo se repete por anos, e de acordo com suas decisões, pode ter certeza, que serão bons anos, é isso mesmo, só depende de você.

Por isso me considero um privilegiado, pois comecei aprender tudo isso muito cedo dentro da minha casa, depois nos clubes de futebol, depois nas escolas, nas empresas e agora novamente o ciclo se renova para a minha profissão, para minha família, uma constante reciclagem. Confesso que tento incansavelmente trazer tudo o que vivi e vivo nas grandes empresas para dentro da minha própria empresa, para as minhas palestras e cursos, assim como para dentro da minha família, pois para mim, não são apenas regras e estratégias, são valores.

Empolgação + Curiosidade = Possibilidade

E com esse brilho nos olhos, e muita empolgação, comecei meu primeiro contrato corporativo trabalhando mais de doze horas por dia, participando de todas as reuniões em que a porta estava aberta, perambulando por todas as partes da empresa, copiando trejeitos, frases de efeito, me tornei uma esponja, absorvendo tudo o que eu podia. Experimentei e gostei do sabor da informação, de estar sempre atualizado, antenado com tudo; mesmo antes da chegada da internet, as grandes empresas estavam sempre a frente, sempre buscando novas alternativas, para produzir mais com menos, algo resgatado com extrema força pela Revolução Industrial 4.0 que está na moda hoje em dia, mas que eu escuto falar desde o final da década de 1990. Então, por que falar disso como se fosse uma novidade? Simples: porque é uma equação mágica, que causa dependência imediata, o vício do bem, das pessoas que querem sempre mais, buscam a excelência, mas sem agressões ao meio.

Fazer mais com menos não é apenas lucrar mais, e sim ser sustentável, ser perene.

O mais incrível de tudo isso é que quanto mais eu trabalhava, mais eu queria trabalhar, não me sentia cansado, pelo contrário, me cansava quando não estava fazendo nada. Era algo fascinante, pois, a cada reunião era um novo aprendizado, com cada líder um novo modelo, em cada projeto uma nova estratégia, e em cada conquista uma nova celebração.

Com toda essa empolgação, evoluí muito rápido, tanto dentro dessa grande empresa quanto dentro da minha própria, pois eu aplicava quase que em tempo real tudo o que eu via de bom e aprendia lá dentro. Algumas vezes até ouvi dos meus funcionários:

— Não dá para você nos comparar a eles, nós somos pequenos e eles são gigantes.

Mas eu nunca vi assim, sempre acreditei que, com algumas adaptações, é óbvio, boas práticas podem serem aplicadas em todos os lugares e segmentos, sem distinção.

Após minha segunda ampliação de escopo, e renovação automática do contrato, estava tudo indo muito bem. Minha academia estava com as contas equilibradas, meus projetos sociais completamente lotados, minha função de diretor de esporte bem aceita pela sociedade do clube, e minha carreira como professor Waldorf de vento em popa. É, não disse que eu trabalhava mais que doze horas por dia? Mas repito, tudo com tanto prazer que nunca chamei de trabalho. Porém, quando tudo está tão bem, já sabe, algo de melhor ainda irá acontecer.

Sim, foi o que se passou, um médico corporativo foi contratado pela empresa, sou muito grato a esse doutor chamado Sérgio Luiz Walter de Assis, e a função dele era percorrer todas as unidades da empresa, ver o que cada uma fazia de bom em relação a saúde do trabalhador e replicar de forma corporativa, ou seja, manter um padrão de serviços e qualidade em todas as unidades.

Na época a empresa estava em três municípios do estado de São Paulo, mas em pontos extremos, nada perto uma da outra.

Foi depois dessas visitas que fui convocado a participar de uma reunião gerencial corporativa, daquelas que só participam os altos escalões para discutir planos de expansão e estratégias de crescimento. Minha primeira reunião desse porte aconteceu numa fábrica que ficava a quase 400 quilômetros da minha cidade, e eu nunca havia pisado naquela localidade, muito menos numa fábrica tão grande e tão moderna. Nem preciso dizer que se eu já estava deslumbrado com o mundo que eu vivia na empresa em uma unidade menor e com atividades menos complexas, imagine quando pisei naquela fábrica pela primeira vez. Senti uma energia inexplicável, só consegui compará-la com a sensação que tive quando joguei pela primeira vez num estádio de futebol de time grande, a sensação de êxtase só por estar ali, mesmo antes do resultado final chegar, você já está feliz.

Pois bem, além de todos esses bons sentimentos, o melhor ainda estava por vir. Vários temas foram abordados naquela reunião, eu já estava grato, só com os aprendizados e novidades que havia conhecido, mas, para encerrar a reunião, a equipe médica corporativa dirigiu os olhares em minha direção, e o Dr. Sérgio começou.

— Não trouxemos o caipira aqui só para passear.

Ele sempre foi muito despojado e descontraído, mas continuou.

— Trouxemos o professor Angelo Otavio, para lhe parabenizar pelo empenho e dedicação nos trabalhos realizados em nossa Unidade Florestal.

Eu não sabia se chorava ou gargalhava. Mas tinha mais.

— Gostaríamos de convidá-lo a replicar seu projeto em todas as outras plantas da empresa, e se tornar um fornecedor corporativo.

Confesso que nem sei se alguém mais ou ele mesmo falou alguma outra coisa, depois desse convite.

Parecia que o mundo havia parado naquele instante e eu estava vendo um filme passar em minha mente, mas não era um filme melancólico do tipo o que eu tinha sofrido para chegar até ali, pois nunca sofri para chegar, sempre adorei viver cada etapa da minha vida. O filme que passou era futurista, com tal gama de tantas novas possibilidades que nem deixei as propostas serem apresentadas, e já interrompi, dizendo:

— Com certeza, eu quero.

Tudo certo, então, se eles estavam me convidando e eu estava aceitando, vamos começar os trabalhos, certo? Não, ainda havia uma frase final, sempre tem, né?

Foi aí que o Dr. sacramentou:

— Temos uma única exigência: você precisará se mudar para cá, pois queremos você à frente das ações na fábrica, já que as operações aqui são mais complexas e temos muito mais funcionários nesta unidade do que na sua cidade. Além do que, nós também moramos aqui e, dessa forma, facilitará o nosso convívio. O que acha? Possível?

Fiquei meio que desnorteado por alguns segundos, não apenas pela mudança de cidade, pois estava acostumado a ser meio cigano com o futebol, mas como eu iria fazer com todas as outras atividades que eu estava exercendo? Era novembro do ano 2000; eles iriam iniciar essa nova etapa e eu, as novas funções em janeiro de 2001, ou seja, menos de dois meses para organizar tudo em minha cidade antiga e na nova. Simplesmente loucura total, uma loucura que já estava em minhas veias desde as minhas primeiras experiências no baleiro do cinema, na casa de doces ou fotografando casamentos; tudo sempre foi muito rápido e dinâmico.

Voltei para casa sem nem ligar o som do meu carro, era tanta adrenalina e pensamentos acelerados que rodei quase 400 quilômetros sem parar. Entrei em minha casa depois das duas da manhã, meu pai acordou, como sempre, e me perguntou.

— E aí, o que eles ofereceram?

Como assim, nem eu sabia o motivo da reunião, e ele estava me perguntando da proposta deles? Como ele poderia saber que haveria uma?

Ele era o melhor de todos com quem já trabalhei, o mais perspicaz, atento e inteligente. Após ver o meu espanto com sua pergunta, ele completou:

— Eles não iriam fazer você ir tão longe para um passeio na fábrica. Eles querem você lá, não é?

Que homem incrível! Foi o que eu pensei: se eu tivesse a cabeça dele, seria milionário.

— E agora, o que eu faço? — perguntei com voz de choro.

— Agora? Vamos dormir, descansar e sonhar um pouco. Amanhã voltaremos à realidade e às novas possibilidades.

Nem preciso dizer que não preguei os olhos, era tanta adrenalina misturada com endorfina que o sol brilhou mais cedo naquela manhã.

15

DIVISOR DE ÁGUAS

Afirmação como líder

Logo nas primeiras horas do dia, conversei por longas duas horas com meu mentor, e ele me ouviu sem nenhuma interrupção — outra grande virtude dos líderes natos, sabem ouvir como ninguém. Após me ouvir atentamente, começou a se posicionar, outra grande virtude, não ficam em cima do muro, se posicionam rápido, pois têm clareza dos seus valores. E ele começou:

— Pelo jeito, não há nenhuma dúvida em sua decisão, é o que você deseja mesmo, não é?

Apenas sinalizei com o nosso olhar de sempre.

— Agora, você irá precisar encontrar substitutos para todos os seus empregos, projetos e negócios. Só terá o meu apoio se não deixar ninguém na mão — completou ele.

Acho que essas frases ficaram gravadas em um HD de destaque em meu cérebro, pois mesmo após 20 anos, quando algum funcionário me liga numa sexta-feira à tarde dizendo que não irá mais continuar conosco porque arrumou algo melhor, tenho a vontade de nunca mais contratar ninguém, mas, alguns minutos depois, percebo que todos são livres para suas escolhas, e devemos sempre respeitá-las, mas nunca numa sexta-feira e ainda por telefone. Isso é que dói: a falta de respeito com quem lhe abrigou, com os colegas de trabalho, com os clientes e, principalmente, com a profissão.

Recordo que naquele mesmo dia saí correndo à procura de substitutos, precisava de alguns para conseguir reestruturar toda a demanda que eu tinha. Foi nesses dias que percebi o quanto eu estava envolvido e disposto, pois para suprir os meus horários e conseguir me substituir em todos os meus compromissos precisei contratar três professores e mais um coordenador, na verdade um irmão. Precisava de alguém de extrema confiança, e fui buscar numa cidade vizinha um amigo que eu havia conquistado na época da bola, aquele que passou por momentos difíceis ao meu lado, e agora eu poderia dividir momentos menos dolorosos, mas de trabalho árduo. O mundo gira, e, mesmo que demore anos, as boas ações voltam, a lealdade é sempre reconhecida e a amizade, valorizada.

Pois bem, equipe contratada, todos os projetos atendidos, mas tinha um em especial. Como iria fazer com minha academia? Precisava vendê-la, arrendá-la, me vi novamente como quando precisávamos parar com a doceria e mudar para a loja de fotografia. Mas, para minha sorte, meu líder estava ao meu lado, me chamou novamente e disse.

— Você já fez tudo certo, com os empregos da escola, da diretoria de esporte, e com os projetos sociais. Mas não se desligue da academia, pois ela é o seu primeiro filho, foi com ela que você ingressou nesse meio da saúde, e como já vivemos essa história antes, é sempre bom ter uma retaguarda, um porto seguro, e nunca depender de uma única galinha para fornecer seus ovos, lembra?

Foi outro dos mais sábios conselhos que recebi na minha vida daquele superlíder. Hoje, ainda, mantenho a academia em minha cidade, claro que muito mais ampla e moderna, conquistei outra academia em minha nova cidade, e ainda coordeno mais duas *in company.* Tudo isso com profissionalismo e um modelo de gestão sempre de delegação de funções, pois em virtude das minhas viagens entre as fábricas e unidades florestais do grupo que havia assumido, precisei fazer gestão a distância.

Parece que tudo foi fácil? Posso garantir que não, mas fui abençoado e privilegiado em contar com ótimos funcionários, parceiros e amigos. Agradeço esse sucesso aos clientes, àqueles que me ligaram várias vezes para reclamar de algum funcionário ou equipamento, pois me alertaram que as coisas não estavam acontecendo da melhor maneira. Agradeço também a todos os líderes e gestores que implicaram com detalhes operacionais que pareciam desnecessários no momento, mas hoje compreendo a grandeza de todos os pontos levantados e exigidos por eles.

Mais dois anos se passaram com velocidade assustadora, eu havia rapidamente me adaptado, mas ainda faltava alguma coisa, confesso que as pessoas em minha volta me achavam ambicioso demais, porque muitos gostariam de estar na minha posição. É claro, me viam como proprietário de academias, gestor de vários projetos de ergonomia e ginástica laboral em grandes empresas, e, com a oportunidade de assumir as fábricas daquele grande grupo, veio também a exposição no mercado, e em menos de três anos morando numa cidade de mais de 600 mil habitantes, numa região promissora do nosso estado, várias outras grandes empresas me contrataram. Mesmo com toda essa situação favorável, eu queria sentir novamente aquele "tesão" de trabalhar que sentia no início. Várias vezes me perguntei se a ZC havia me contaminado, mas não, eu sentia prazer em tudo que estava fazendo, estava apenas faltando aquela cereja do bolo.

Foi quando comecei a ministrar cursos da área de fitness, ginástica laboral, ergonomia e gestão de academia em congressos brasileiros. Foi aí que encontrei a cereja do bolo, que na verdade não era mais um trabalho ou um novo projeto, mas a chance de eu compartilhar minhas experiências com aquelas pessoas que estavam começando. Parecia fonte da juventude, eu trabalhava a semana inteira, muitas horas por dia, e nos finais de semana viajava para os congressos, parecia que na segunda-feira iria estar "morto", destruído, que nada, era exatamente o oposto. Voltava radiante, energizado, às vezes louco para estudar, porque algum aluno havia me desafiado em algum conceito e eu não estava satisfeito com minhas respostas. Era muito compensador sentir que era possível ter estudado sobre aquele assunto, ter o privilégio de aplicar no próprio trabalho e ainda dividir tudo isso com novos e futuros empreendedores.

Cada novo curso era uma nova experiência, eu voltava cada vez mais confiante em me expor na frente de estranhos, e essa confiança começou a se manifestar em minhas atitudes dentro das empresas, meus clientes começaram a me chamar para abrir reuniões mais importantes, interromper reuniões chatas, altamente técnicas ou até mesmo desnecessárias, com meus conceitos práticos e dinâmicos. Em algumas reuniões, percebia que quando eu chegava, as equipes de chão de fábrica se agitavam, me olhavam, como quem via uma esperança de ser um dia um pouco menos monótonos e desgastantes, pois se você quiser fazer as equipes operacionais desanimarem, basta colocá-las sentadas, paradas, apenas como ouvintes. Eles são extremamente agitados, seus trabalhos são intensos, de exigência muscular alta, portanto, minhas aulas eram bem o estilo deles, o que me fazia ter um público fiel.

Das reuniões, comecei a ser convidado por vários gerentes e coordenadores para abrir os eventos mais importantes, como SIPAT – Semana Interna de Prevenção de Acidentes de Trabalho, Semana da Saúde, Datas Comemorativas, enfim, me tornei sinônimo de quebra-gelo, era chamado para quebrar o marasmo e a rotina, sempre trazendo novidades, e é claro, com muito entusiasmo. Somando tudo isso com todas as minhas experiências anteriores, cada vez que eu fazia, mais oportunidades eu recebia, mais empresas me ligavam solicitando minha presença. É de fato, um efeito dominó, basta estar em evidência e corresponder às exigências, que as oportunidades do *show business* aparecem.

De professor a líder e de líder a palestrante

Foi dessa forma mais do que natural que, mais uma vez, estava eu, migrando para mais uma nova jornada empreendedora. Recentemente participei de um congresso em Portugal, onde tive a honra de ministrar quatro palestras sobre alta performance e mudança de comportamento, e acabei ouvindo e interagindo com muitos palestrantes internacionais, um dos quais, português, abriu sua palestra elogiando pelo meu entusiasmo empolgante, mas também relatando que percebeu muitos anos de experiências práticas em meu discurso. E com certeza ele fez uma leitura muito clara e objetiva a meu respeito, pois sou reflexo das minhas experiências, e com uma essência motivacional muito presente. Porém hoje em dia, mais do que nunca, reflito e falo com todas as letras que apenas motivação e experiência não são suficientes, o estudo precisa ser o carro-chefe, precisa ser sempre colocado em evidência, para não cometermos erros ou falhas que poderiam ser evitados.

Por isso, mesmo eu subindo de patamar, aumentando amplamente minhas possibilidades de negócios, naturalmente com melhores condições financeiras, ainda assim, estaria passando por mais um período de adaptações, reflexões e muito trabalho. Para que pudesse me desenvolver como palestrante e instrutor de treinamentos *in company*, eu precisaria, mais uma vez em minha carreira, fazer escolhas, e independentemente de quais fossem, eu iria abrir mão de alguma coisa, precisaria me reestruturar, reorganizar, encontrar mais tempo para novos estudos e, novamente, para tudo isso, fazer novas contratações. Isso é o que eu chamo de "ciclo produtivo do sucesso", pois o meu sucesso geraria mais possibilidades para quem estivesse a minha volta, assim como para quem quisesse entrar nessa onda. E ainda percebi que, desta vez, algo estava diferente, pois essas mudanças não estavam sendo necessárias para sair de uma crise e/ou dificuldade financeira, estavam acontecendo em virtude de um bom desempenho, em virtude de ótimos resultados já conquistados e, principalmente, com a maior de todas as virtudes empreendedoras, que é sair na frente, ser o pioneiro, lembram?

Hoje em dia, existem muitos cursos de oratória, *coaches*, palestrantes, profissionais que desenvolvem slides e vídeos personalizados, cuidam da imagem e do relacionamento desses profissionais, mas no início da década de 2000, não era muito fácil citar o nome de *coaches* brasileiros que faziam sucesso ou palestrantes diferentes dos convencionais consultores técnicos. E há muito tempo eu já havia sido picado pela Injeção Motivacional das Novidades, a "InMoNo": aprendi com o mestre Hudson Couto a trabalhar com as siglas e acrônimos, que fazem parte das minhas palestras e material didático, pois ajudam a memória e chamam atenção para o que queremos divulgar de mais importante.

Mãos à obra, comecei novamente, era a minha quarta reestruturação em menos de 20 anos de carreira, algo muito difícil de acontecer, pois, para mim, os ciclos de maturação empresarial, como os da vida, duram em média sete anos. Trabalhei desde o início da minha carreira em empresas que manuseiam eucalipto, as quais mantém um ciclo de corte de sete em sete anos; os negócios do meu líder supremo, meu pai, duravam em média os mesmos sete anos, ou seja, ciclos se repetindo. Mas eu estava um tanto mais rápido, praticamente em ciclos de cinco anos, será que irei pagar algum preço? Ou a velocidade das mudanças aumentou? Estou apostando, com muitos outros especialistas, que sim, a velocidade aumentou, e tende a aumentar ainda mais. São novas eras, de um mundo muito mais acelerado, conectado, com muito mais recursos tecnológicos à disposição de todos, a era da "internet das coisas".

Isso mais uma vez, separa os profissionais em duas categorias: dinossauros x camaleões. Nem precisarei explicar com detalhes cada perfil, mas rapidamente, a diferença entre eles é gritante.

O dinossauro é grande, forte, tem poder, mas, ao mesmo tempo, é lento, pesado, teimoso. Usa frases dos outros como se fossem dele, mas não as aplica. Constrói uma carteira de clientes e um álbum de ex-clientes, conquista a confiança eterna de alguns, mas desagrada a credibilidade da maioria. Não se faz útil em áreas e setores que não sejam o seu, mesmo que o dele seja altamente produtivo. Não divide informações nem dentro da própria empresa, não confia em ninguém, às vezes, nem nos números que ele mesmo pesquisou. Por fim, a palavra mudança só existe para os outros, exige que quem esteja a sua volta se adapte. Mas ele mesmo não se propõe a mudar, não se esforça em nada, por um simples motivo: ele não quer, e quando um homem não quer, nada nesse mundo pode fazê-lo mudar.

Do outro lado está o camaleão, absolutamente apto à mudança e, principalmente, à mudança dele em primeiro lugar, mas como efeito cascata, contagia todos a sua volta. Não consegue se segurar por muito tempo fazendo as mesmas coisas ou, pelo menos, as faz de um jeito diferente, coloca regras que estimulam as inovações, pratica o ganha-ganha em tempo integral, quer visitar seus concorrentes periodicamente para conhecer novas realidades, quando alguém sussurra uma novidade, se sente ultrapassado e corre atrás do prejuízo, ideias novas e metodologias fora da curva o enchem de gás, as pessoas agitadas, questionadoras, proativas, desafiadoras e principalmente que sabem mais do que ele, têm lugar garantido na equipe, que, aliás, são multidisciplinares e totalmente heterogêneas, não precisa de campanha ou cota para estimular a diversidade, pois ela estará sempre onde ela estiver.

Permita-me perguntar: em qual desses perfis você mais se enquadra?

Se identificou sua imagem e atos em algum deles, já se dê por satisfeito, pois com essa velocidade de mudanças em nosso meio, a única coisa que se torna cada vez mais inadmissível são pessoas, profissionais, políticos e influenciadores que não se posicionam, aqueles que não descem de cima do muro, que não assumem partido, que ainda vivem na ética de personalidade. Precisamos cada vez mais dos autênticos, dos corajosos, participativos e leais a suas crenças e valores. A bandeira da ética de caráter deve estar sempre hasteada e de preferência presente em sua marcha, para todos os caminhos, dentro e fora dos negócios, dentro e fora da família, ou seja, deve estar na pessoa e não nas oportunidades.

Mutação profissional

Acreditei estar trocando de pele mais uma vez, pois ainda não consegui afirmar nem por um segundo sequer que sou isso ou aquilo, que eu quero isso ou aquilo até o fim da minha vida. Posso até me arriscar em afirmar que ainda terei muitas histórias para contar. Quero fazer parte dessas mudanças, mudanças de um mundo novo e melhor, poder deixar um legado, uma história a ser contada.

Alvin Toffler, escritor e futurista norte-americano, é mundialmente reconhecido pelos seus trabalhos sobre a revolução digital, a revolução das comunicações e a singularidade tecnológica. Ele se tornou conhecido do grande público por sua obra *A terceira onda* de 1980, na qual descreve a evolução da sociedade humana, desde o tempo do predomínio das atividades agrícolas, passando pela fase industrial até a era pós-industrial, a era da informação. Em uma rápida pesquisa na internet, você encontrará a expressão "terceira onda", que foi amplamente adotada e passou a estar presente no cotidiano da mídia, do meio acadêmico e empresarial. O autor se tornou uma referência sobre assuntos contemporâneos e as perspectivas de seu desenvolvimento em um futuro mais ou menos remoto. A frase famosa de Toffler que tenho incorporado em minha nova vida é que o profissional do futuro não será aquele que aprende ou sabe mais, mas sim aquele que "aprende, desaprende e reaprende novamente".

Foi seguindo pessoas e conceitos como de Toffler que mais uma vez reestruturei nossas academias, contratamos equipes de administração, finanças e departamento de pessoas; onde antes era gerido por mim e meus sócios, hoje mantemos uma equipe técnica especializada para tais serviços, pois eu precisaria me ausentar dessa gestão tão corpo a corpo que havíamos construído. Podem ter certeza que não seria fácil, como não foi, tanto que meus sócios ainda estão sobrecarregados, mas em nossas reuniões, vejo neles a minha imagem no começo de carreira, onde se trabalha muito, mas não se cansa tanto, tudo é tão desafiador que logo você é picado pela "InMoNo". Acreditem: não é veneno, mas antídoto, sim, antídoto contra a preguiça, desculpas, vitimismo e a tão perigosa rotina. Todos os dias são intensos, com problemas novos ou novas oportunidades de melhoria, depende da ótica a ser vista, se quiser continuar chamando de problemas é a sua escolha, a minha é sempre chamar de possibilidades de mudanças e melhorias.

Depois dessas mudanças, quando tudo já existia, chegou a hora da formação da nova equipe, pois agora eu seguiria em carreira solo, atuaria apenas como *coach*, consultor, mentor, palestrante, enfim, o nome que a moda promover. Nunca fui adepto a essas nomenclaturas passageiras, por isso, serei sempre um humilde professor que tenta dividir o pouco do que aprendeu com os outros.

Digo isso pois certa vez fui questionado por um cliente que ainda não me conhecia:

— Em quais dessas nomenclaturas você se enquadra? Você é um *coach*, consultor, mentor ou o quê?

Esperei alguns segundos, pois não queria causar uma imagem prepotente ou arrogante logo de cara, mas respondi:

— Considero que sou todos em um, pois para ser qualquer um deles, para mim, é necessário antes ser um bom professor, e essa é a minha formação e escolha de atuação. Eu quero trabalhar com a mudança de comportamento e, para se mudar qualquer coisa, precisa-se conhecer seus caminhos e suas consequências. Acredito que nós professores, teremos mais facilidades de ensinar. Além dos estudos teóricos, dividimos principalmente nossas experiências, e quando falo de experiências não me refiro apenas a tempo de serviço, mas a contato com pessoas, e de todos os níveis, desde uma criança que está sendo alfabetizada, um operário que está aprendendo as regras básicas ou até mesmo um CEO que precisa de esclarecimentos estratégicos para estimular suas equipes.

E esse é o meu novo manifesto: estudar incansavelmente, trabalhar com muito prazer, realizar mudanças com muita satisfação, em suma, dividir para multiplicar. Quero muito me firmar como um excelente orador, como um dinâmico pesquisador, mas principalmente como um formador de opiniões seguro e atento às particularidades e situações.

Não acredito que haja uma receita corporativa global, algo que seja preciso apenas aplicar, precisamos estar sempre em sintonia com as mudanças, com o novo, trocando ideias e ganhando experiência. Cada lugar é único, novo e desafiador. Como eu descobri e afirmo isso? Simples, dentro desses lugares há pessoas. Elas promovem conflitos, defendem suas vaidades, passam dos limites, agem por instinto e até sem saber o porquê. Caberá a nós, instrutores de possibilidades, encontrar portas, janelas, caminhos, trilhas e estradas para que o equilíbrio reine, com todos os propósitos de crescimento acelerado que ainda iremos viver.

Tais tecnologias são oportunidades para a agregação de valor aos clientes e aumento de produtividade de processos. No entanto, sem o foco adequado, pode ocorrer desperdício de grandes investimentos sem que resultados expressivos sejam alcançados.

Sim, tudo será novo e diferente dentro de pouco tempo, quem não estiver se preparando para isso estará, em um futuro muito próximo, fora do mercado de trabalho. Não estou aqui para desanimar ninguém, muito pelo contrário, escolhi contar a minha história, para servir de exemplo para aqueles que não acreditam na força das mudanças. Se você prestou atenção na história da minha família e em especial na minha, não tem nada a ver com sucesso ou fracasso, vitória ou derrota, mas com a capacidade de se reerguer frente a um problema, dificuldade ou até mesmo às novas oportunidades, ou seja, falamos sempre sobre *resiliência.*

Essas novas mudanças não estão por vir, pois já chegaram, e existem muitos autores e futuristas com literaturas extremamente atualizadas e que tratam com propriedade desses assuntos. E neste exato momento, depois de ler e reler todas as linhas que eu mesmo escrevi sobre as etapas e degraus de uma vida que eu mesmo vivi, se aquele gestor me perguntasse agora em qual daquelas nomenclaturas eu me identificaria, minha resposta não seria mais professor, mas LÍDER POR AMOR. Pois somos formadores de opinião, multiplicadores de conceitos, divulgadores de regras, orientador de boas práticas. Mas se fizermos isso apenas pelo nosso trabalho, não seremos efetivos, seremos no máximo eficazes e, no mundo novo, ser eficiente ou eficaz, já não é o bastante. Precisaremos de muito conhecimento, sim, leituras atualizadas, velocidade da informação online, mas além disso, liderar pelo exemplo, e só quem AMA consegue ter a disciplina necessária para assumir que sempre teremos perdas e privações para conquistar objetivos e resultados perenes. Entender que a dedicação e esforços estão diretamente ligados aos conceitos e valores de que se acredita. E que quando esses argumentos vêm seguidos do substantivo amor, tudo fica mais claro e óbvio.

16

ENCONTRAR A ESSÊNCIA

Líder por amor

Quando de fato conseguimos declarar em voz alta que amamos alguém? Ou melhor, quando conseguimos sentir muita falta de alguém?

Confesso que mesmo hoje, depois de tantas experiências, após tantas leituras sobre o tema, após ter participado de excelentes debates, ainda tenho minhas dúvidas.

Pois quando disse aos meus pais que os amava, era mais do que natural, pois era o amor de família falando, assim como foi com meus irmãos que vieram depois de mim. Mas depois eu disse essa palavra mágica para a minha namorada, que hoje é minha esposa, e confesso que quando falei pela primeira vez, ainda não tinha total certeza, pois era uma mistura de paixão e amor, não tínhamos certeza de que iríamos nos casar, ter filhos e viver juntos. Porém, nos casamos, tivemos nossos filhos, afilhados, sobrinhos, e hoje, quando digo que a amo, é a plenitude da palavra.

Por quê? Porque construímos isso passo a passo, briga a briga, sorrisos a sorrisos, conquistas em conquistas. E quando estávamos assumindo o controle, nossos filhos chegaram e, diferentemente de como foi antes, com meus pais e irmãos, o sentimento de amor por filhos é algo assustador, pois é carne da sua carne, sangue do seu sangue, algo que é impossível de separar, acredito ser o amor mais forte de todos, aquele que dói na saudade e na proximidade, que sente falta mesmo estando juntos, algo que só pode ser sentido e nunca imaginado.

O ciclo da vida, ser filho, filha, irmã, irmão, pai, mãe, bênção de Deus. E depois ainda tem bônus, quando se torna avó e avô, nem vou chegar em bisavós, mas quando dizem que ser avô é ser pais duas vezes, acredito piamente, pois é a segunda chance de amar na essência, com o mais puro dos sentimentos, misturando tempo e experiência com afeto e carinho.

Não tenho dúvida alguma de que só cheguei onde cheguei, e chegarei aonde espero chegar, porque estou vivendo esse ciclo: sou pai, padrinho, tio, e a força que me move a chegar a ser avô é uma chama de nome amor.

A única dor que eu sinto quando penso sobre o amor é quando me lembro que o maior e melhor de todos os líderes da minha vida não conseguiu saborear o privilégio de ser pai pela segunda vez. Sim, meu pai, meu herói, meu grande ídolo, meu amigo, faleceu antes de conhecer seus netos. Se ele fosse vivo, teria o prazer de receber o carinho do Miguel, da Manuela, do João Guilherme e da Helena.

Quando penso que ele não conseguiu conhecer os netos, vem uma dor no peito, uma falta de ar que não é possível de se traduzir. Parece que seria a minha chance de retribuir tudo a ele, tudo o que nos fez, pois, por mais que eu fosse presente e amoroso enquanto ele estava vivo, sempre me passa a imagem de que eu poderia ter feito mais por ele, ele foi muito bom para mim e para todos em sua volta, se doou ao extremo, abdicou de muita coisa em prol de nossa família, mas infelizmente não tivemos o tempo que gostaríamos com ele.

Está parecendo que eu sofro com um sentimento de culpa? Pode ter certeza de que não, culpa não é a palavra, até mesmo nos momentos mais difíceis ele me ensinou a saudar a vida e não o fim. Acredito que sofro mais quando penso que meus filhos é que não tiveram o privilégio de conhecer o avô e um homem que poderia contribuir muito na educação, aprendizado, respeito e principalmente com o amor entre as pessoas e na vida.

Raras vezes comentei ou falei sobre a morte dele, pois meu pai me ensinou que as melhores lembranças estão em vida, que o presente é sempre melhor do que o passado ou do que o futuro, que não se deve chorar de arrependimento pelo que se fez, mas sim pelo que não se fez. Nem se deve comemorar sem ter se esforçado, pois a verdadeira vitória nem sempre é o resultado, mas o aprendizado.

Como disse em outras passagens, meus pais eram extremamente ligados, unidos, cúmplices, amantes e felizes. Parece que o que vou falar agora é ficção ou algo que inventei para o livro ser mais dramático, até gostaria que não tivesse sido assim, mas hoje compreendo que foi o que era para ser e, assim, meu pai deixou mais um legado, mesmo em seus últimos dias.

Contei que ele sofreu um infarto em 1992, quando eu ainda jogava futebol, colocou três pontes de safena. Uma hora antes da sua cirurgia, me deixou um bilhete para que eu não me preocupasse, pois era para eu me concentrar no jogo de domingo, sua cirurgia foi na sexta. É, ele estava sempre pensando em nós. Mas eu não tinha essa força e não sei nem como entrei em campo naquele domingo.

A cirurgia foi um sucesso e, em menos de seis meses, meu pai já estava de volta ao trabalho, e a vida aos poucos foi se ajeitando, eu joguei mais dois anos depois dessa primeira ocorrência, mas a vida nunca foi a mesma. Aquele Super-Homem, agitado, sempre correndo, fazendo, construindo não era mais tão forte, mesmo assim, ele fazia de tudo para que todos nós seguíssemos as nossas vidas e, principalmente não interrompêssemos nada por conta dele.

Dessa forma, ficamos mais dois anos tentando cada um o seu sonho, porém percebíamos que as coisas estavam diferentes. Meu irmão estava indo muito bem com seus negócios, minha irmã havia se casado e seu marido transferido para o estado do Rio de Janeiro, minha mãe estava até gostando do ritmo mais lento, pois, assim, tinha seu grande amor mais perto. E eu? Bem, foram dois anos de conflitos, eu apaixonado pelo futebol, mas sem grandes resultados, e com o agravante de ver o meu ídolo precisando da minha ajuda, mesmo que quase todos os finais de semana eu estivesse em casa e ajudando na empresa, não era a mesma coisa de quando eu estava no dia a dia ao seu lado. E como já mencionei anteriormente, no final de 1995, em meu primeiro ano como profissional, resolvi largar tudo e voltar para casa. Ainda hoje, em algumas conversas com algum amigo que conhece minha história, sou questionado se me arrependo de ter abandonado o futebol. Sempre respondo com o mesmo sorriso no rosto:

— Nunca irei me arrepender dessa decisão.

Pois foi ela que me deixou por mais onze anos ao lado do meu maior líder. Foram anos de constantes ensinamentos, de muitos desafios, de uma construção incrível do meu caráter e senso de responsabilidade. Com toda a certeza, posso afirmar, que não seria nem de longe a pessoa que sou hoje, se não tivesse voltado para casa.

Como agora você já conhece minha história, não preciso repetir minha trajetória até chegar nas grandes empresas, mas vou abrir um espaço aqui para contar um momento que poderia ser de apenas muita dor, mas também foi uma grande lição para mim.

O coração

O coração do meu líder nato já não tinha mais a força suficiente para mantê-lo ativo como antes, eu já estava trabalhando nas grandes empresas e tinha uma rotina de viagens e trabalho absurdamente exagerada, mas me esforçava ao máximo para visitar meu pai semana sim, semana não, mas ele estava piorando, e meio que por acaso nos encontramos em Sorocaba, ele para uma consulta, eu a trabalho, era agosto de 2006 e eu já morava em Ribeirão Preto com minha esposa. A consulta seria pela manhã, meu trabalho, na tarde do dia anterior, então, iríamos dormir juntos e eu o acompanharia ao médico no dia seguinte, mas lá pelas onze da noite, ele passou mal e, ao tentar ir ao banheiro, desmaiou em meus braços. Nunca pensei que seria tão difícil escrever isso, parece que eu deletei essa cena da minha vida por todos esses anos, foi o momento mais difícil que vivi até hoje, uma impotência, um sentimento de derrota, algo que doeu num lugar que eu não conhecia do meu corpo, e com ele nos meus braços, olhei para minha mãe chorando; minha tia (estávamos na casa dela) sempre firme, me olhou e disse:

— Corre para o hospital, já estou ligando para o médico dele.

Não me recordo o porquê, mas quando me dei conta, estava a caminho do hospital sozinho com meu pai, ele estava voltando do desmaio, muito debilitado, e eu dirigindo o carro, meio que sem entender o motivo por que todos haviam ficado na casa e eu estava ali sozinho com ele.

Mais uma vez, ele foi o líder supremo, começou a voltar à consciência e me disse:

— Já estou melhor, filho, pode ficar tranquilo, foi só a minha pressão que caiu.

Eu queria acreditar naquilo e voltar com ele para casa, mas meus olhos não viam a mesma coisa que meus ouvidos escutavam. Ele estava muito mal, e segui até o hospital.

Dei entrada na emergência do Hospital Evangélico de Sorocaba, onde o Dr. Alberto nos esperava, como sempre, um verdadeiro médico de família, aquele que nunca nos desamparou, seremos sempre gratos a esse profissional humano.

E, de lá, meu pai nunca mais saiu.

Foram dezessete dias na UTI, pode até parecer pouco, se comparando a outros casos, mas minha mãe também não estava bem, e no dia seguinte à internação do meu pai, ela se internou no mesmo hospital, pois havia sido descoberto um tumor no baço dela. Nós a colocamos num quarto privativo com a possibilidade de acompanhante, e todos começamos a nos revezar para dormir com ela e tentar estar mais perto do meu pai.

É nesse momento que eu preciso abrir um parêntese e mencionar algo que outro líder nato fez por mim. Eu estava com um trabalho muito intenso, numa fábrica de papel e celulose situada no município de Luiz Antônio, distante a quase 300 quilômetros daquele hospital, aí, pode-se imaginar o meu estado físico e emocional, pois dormia um dia em casa e dois no hospital, e ainda viajava essa longa distância duas vezes na semana. Nesse momento o gerente da Unidade Florestal dessa empresa me chamou na sala dele. Já fui tremendo, pois estava imaginando que havia feito ou deixado de fazer algo. Mas, para minha surpresa, ele queria saber como estavam meus pais, tendo ouvido um boato que ambos estavam internados ao mesmo tempo.

Muito nervoso, tentei resumir a história para ele, que, com um semblante muito sereno, ouviu sem me interromper. Quando eu terminei de explicar tudo, ele me olhou firme e perguntou:

— O que você está fazendo aqui?

Nesse momento, não consegui segurar o choro, e ele, sem muita emoção, me disse:

— Hoje, você irá para sua casa descansar e se alimentar bem, e amanhã pode ir para Sorocaba, e vai ficar com seus pais até eles saírem do hospital.

Tentei argumentar que estava no meio de um projeto, mas ele me interrompeu e falou um pouco mais duro:

— Não estou pedindo, estou autorizando você a se concentrar nos seus pais, pois tudo aqui pode esperar.

Saí daquela sala sem acreditar no que havia acontecido. Como eu poderia ser tão grato por tantos anjos aparecerem em minha vida? Hoje, compreendo que eles estão presentes na vida de todos nós, porém, muitos não são percebidos ou identificados, pois sempre estamos reclamando dos nossos problemas, e não conseguimos ver que as soluções estão em ouvir as pessoas próximas, aquelas que querem o nosso bem.

Durante a internação na UTI, meu pai podia receber apenas uma visita diária, nas quais, nos revezávamos para vê-lo e conversar nos breves minutos que tínhamos, posso garantir que me lembro de todos eles, cada sorriso com aquele buço suado, com as sobrancelhas altas em sinal de atenção e aquela voz meio rouca e serena que sempre me confortava. Falávamos sobre tudo, na verdade, ele queria saber tudo, o que estava acontecendo em nossas vidas, o que estávamos projetando, e nunca nos dava conselhos ou conversava em ritmo de despedida, era sempre um bom papo, parecia que estávamos tomando um café na padaria, era nítido que ele sabia da gravidade do seu caso e, no fundo, deixava a entender que estava confortado, que havia vivido em sua plenitude, que fez tudo o que deveria fazer. Não estou dizendo que ele desistiu, isso jamais, mas era como se seu destino estivesse certo, e o seu legado o manteria vivo entre nós.

Com certeza foi exatamente o que aconteceu: serei eternamente grato por todos os dias que pude viver ao lado do meu pai, pois hoje, após me tornar pai, entendi o legado que ele nos deixou, que é, ser pai, líder, formador de opinião e principalmente exemplo. É uma tarefa diária, independentemente da situação, você precisa se posicionar, sair da defesa, ir ao encontro do que de fato acredita e recomenda para o bem comum, seguindo como guia os seus valores e crenças mais verdadeiras.

E como num bom livro de romance, eu fui abençoado em presenciar a maior cena de amor da minha vida, dificilmente verei algo parecido. Apesar de muito dura, vi com meus próprios olhos que existe amor verdadeiro.

Após os dezessete dias de internação dupla, meu pai com déficit cardíaco e minha mãe para retirada de um tumor benigno no baço, ela teve alta; estava um tanto debilitada, mas a cirurgia

havia sido melhor do que esperado pelos médicos, sei que por conta da vontade que ela tinha de ficar ao lado do seu grande amor, mas vou deixar a história desse amor e dessa mulher incrível que eu chamo de mãe para um novo encontro entre nós. A primeira coisa que minha mãe fez após receber alta foi tomar um bom banho, se arrumar e esperar a hora da visita da UTI. Na noite anterior, os médicos me alertaram que o quadro do meu pai havia piorado, e que precisariam entubá-lo, mas resolvi guardar para mim essa informação, pois eu estava acompanhando tudo muito de perto e não queria tirar as esperanças da minha família. Chegada a hora da visita, eu e minha mãe fomos de mãos dadas até ele. Já na entrada percebi que algo não estava normal, pois havia mais que um médico ao lado dele, e o enfermeiro deixou todos entrarem juntos, eu, minha mãe, minha tia e um amigo muito próximo; a segunda coisa que aconteceu foi um dos médicos tirar a entubação na hora em que ele viu a minha mãe. Nesse momento, meu pai abriu os olhos, se esforçou como nunca para virar a cabeça para o lado e, nesse momento, eu vi o AMOR.

Minha mãe se aproximou, colou seu rosto pertinho da boca dele, e ele sussurrou em seu ouvido. Ela o abraçou tão forte e o beijou tão carinhosamente que pareciam ter voltado à adolescência, ao dia do primeiro beijo, e nesse momento, quando ela começou a se afastar um pouco, o alarme contínuo dos batimentos cardíacos soou pela última vez.

Todos que estavam comigo nem perceberam que aquele havia sido o último gesto dele, que ele havia esperado até o último segundo para se despedir do seu grande amor, que ali, naquele instante, uma história de amor estava sendo interrompida, pelo menos neste plano. Não sei onde encontrei forças, mas não chorei naquele momento, cheguei ao lado dele, segurei sua mão, fechei meus olhos e agradeci por ter sido abençoado com a sua paternidade. Também prometi para ele que encontraria uma maneira de reunir todas as forças para seguir em frente.

Dia 8 de setembro de 2006, meu pai, João Sennen Blóes, com apenas 64 anos, nos deixou.

Mesmo após tantos anos da sua despedida, ele nunca deixou de estar comigo em nenhum dia da minha vida, nunca deixou de fazer parte das minhas reflexões e agradecimentos, e ainda estará vivo em todas as minhas decisões.

Obrigado, pai, você será sempre o meu LÍDER NATO.

Profissional do futuro

Dizem que o profissional do futuro terá cinco ou seis profissões ao longo da sua carreira. Engraçado, o meu pai, que faleceu em 2006 com 64 anos, teve mais do que quatro profissões, eu hoje (2019), com 45 anos, estou a caminho da minha quinta profissão, posso me questionar dizendo: será que eles estão atrasados ou nós é que estamos adiantados? Deixando um pouco a ironia de lado, e a falsa modéstia, o que eu posso dizer sobre essa provocação é que são ciclos renováveis de mudanças, se formos analisar, todas as revoluções industriais com certeza aconteceram devido a uma mudança tecnológica ou comportamental, onde a necessidade da mudança se fez e ainda se fará necessária para a sobrevivência das cadeias produtivas. A diferença dessa em que iniciamos em 2016 para as demais, é que a velocidade da mudança será algo talvez difícil de se acompanhar, segundo Klaus Schwab em sua obra *A quarta revolução industrial,* em virtude de três pilares:

- **Velocidade:** uma vez que o mundo está mais conectado, os meios de difusão de novas tecnologias são muito mais eficazes.
- **Alcance:** assim como a velocidade com que surgem novas tecnologias, seu alcance é muito mais abrangente
- **Impacto em sistemas:** como consequência dos fatores acima, a Quarta Revolução Industrial afeta diretamente nossos sistemas políticos e econômicos.

O que nos indica que muita coisa pode não mais existir daqui a alguns anos? Isso não é nenhuma novidade, pois alguém se lembra da última vez que revelou uma fotografia em papel? Ou ficou muito estressado porque esqueceu de devolver as fitas de vídeo VHS na Locadora? É, muita coisa acabou em virtude da criação de novas tecnologias. Mas o que está amedrontando, desta vez, é que pode se extinguir muita coisa em meses e não mais em anos — segundo a Lei de Moore (publicada na Electronics Magazine em um artigo de 19 de abril de 1965) de Gordon Earle Moore, a cada dezoito meses algo que parecia muito inovador poderá parecer obsoleto.

Trazendo isso para as minhas experiências pessoais, posso garantir que os ciclos estão, sim, se repetindo, porém numa velocidade assustadora. Meu pai demorou praticamente toda a sua vida profissional, aproximadamente trinta anos, para migrar quatro vezes de profissão, eu, com apenas quinze anos de carreira, ou seja, metade da dele, já estou na minha quinta profissão. Como será o meu filho, que irá ingressar no mercado de trabalho daqui a dez anos?

O que posso dar de conselho para o meu filho sobre o futuro? Acredito que para ser um líder moderno, já não basta mais ter talento com suas habilidades, o futuro exigirá um esforço grandioso em nossas fraquezas e dificuldades, para nos tornarmos mais versáteis e com uma capacidade de mudança ou até mesmo mutação incalculavelmente mais rápida do que já vimos até hoje. Continuaremos com a necessidade de estar atentos às necessidades de todos, focados no bom atendimento, presentes entre os funcionários e liderados, mantenedores de uma organização limpa, com regras claras, produtos de qualidade, prestação de serviço de excelência, porém esse futuro próximo exigirá um combustível extra, um novo "nitro" — na verdade, de novo, não tem nada, apenas veio um pouco mais repaginado, com uma nova pegada interpessoal das novas gerações, mas estou falando abertamente do bom e velho AMOR.

Como assim? O que o amor tem a ver com futuro, tecnologia, inovações, empreendedorismo, vendas, lucro, conquistas, expansões, fusões, equipe de alta performance e sucesso?

Tudo a ver.

Poético? Não. Apenas verdadeiro. Mas precisamos entender qual é esse amor, há vários, ou pelo menos, mais de uma forma de amar. Vamos conhecer algumas, a começar pelo conceito básico.

Bem resumidamente, amor é o cuidado que temos com alguém. Claro que não é qualquer cuidado, é o extremo dessa palavra, que no nosso dicionário se classifica como adjetivo, interjeição e substantivo masculino, e sua definição é.

Cuidado:

- **Demonstração de atenção, em que há cautela, prudência:** cuidado ao atravessar esta rua!
- **Aplicação e capricho ao realizar algo; zelo, esmero:** trabalhava com cuidado.
- **Atenção maior em relação a; preocupação:** ele necessita de cuidados.
- **Dever de arcar com seus próprios comportamentos ou com as ações de outrem; responsabilidade:** cuidado com a saúde e com a vida.

Ou seja, se replicarmos isso para o nosso trabalho, para os nossos bens materiais, para todas as nossas atitudes, e principalmente para todas as pessoas com as quais iremos interagir ao longo da vida, existirá alguma missão ou manifesto mais específico? Mais completo que isso? E, ainda, que nos traga resultados perenes?

O líder do futuro terá máquinas mais inteligentes do que nós, seres humanos, mas ainda haverá pessoas para liderar, e com as mudanças acontecendo o tempo todo, e em todos os segmentos, ou seja, se hoje já é difícil convencer algumas pessoas de que é necessário se atualizar e mudar, imaginem se elas ainda estiverem ao nosso lado ao longo do tempo? Ou se não conseguirem acompanhar a velocidade dessas novas tendências? Sim, a resposta é: teremos mais trabalho para administrar as mudanças, e com certeza necessitaremos de mais cuidado com as pessoas.

Por isso, afirmo com muita propriedade que ainda não encontrei nenhum procedimento, regra ou orientações técnicas que fossem mais objetivas do que o amor, estou me referindo ao amor incondicional, o amor ágape, aquele que nos foi ensinado por Deus, que traz, sim, seus complementos, mas alicerçado nesse cuidado que acabamos de entender, com base na quebra de preconceitos, de entender necessidades e de fato buscar o equilíbrio social fundamentado no respeito entre as pessoas.

O amor ágape deve ser o HD rígido, a central de memórias, a nuvem que retém as informações mais antigas e mais recentes, é base de valores que todo ser humano deveria ter sido educado.

Ágape é uma das diversas palavras gregas para "amor".

Os filósofos gregos nos tempos de Platão e outros autores antigos usaram o termo "*storge*" para denotar o amor a membros da família, a um grupo com afinidades ou uma afeição para uma atividade particular em grupo, em contraste com "*philia*", uma afeição que poderia ser encontrada entre amigos que praticavam tarefas assim, em conjunto, com os mesmos objetivos. E, de forma assexuada, o amor "*eros*" uma afeição de natureza sexual e romântica.*

A palavra ágape foi usada de maneiras diferentes por uma variedade de fontes contemporâneas e antigas, incluindo uma apropriação incluída na Bíblia. Muitos pensavam que essa

---

* Disponível em: <https://pt.slideshare.net/editorjovens/4-trimestre-2015-jovens-lio-01-53699333>. Acesso em: 09 ago. 2019.

palavra representava o amor divino, incondicional, com auto sacrifício ativo, pela vontade e pelo pensamento, embora esse amor ágape também possa ser praticado por humanos inspirados por esse sentimento, mas em grau bem inferior, obviamente, em função de imperfeição e limitação humanas.

Buscando na literatura moderna, encontrei praticamente as mesmas teorias sobre amor na obra de não ficção *Os quatro amores*, de C.S. Lewis, que explora a natureza do amor na perspectiva cristã. A explicação sumária do livro foi prefaciada pela admissão de Lewis de que inicialmente se equivocou com as palavras de João, "Deus é Amor", por uma simples usurpação deste tópico. Distinguindo a necessidade de amor, como o amor de uma criança para sua mãe, e o amor divino, de Deus pela humanidade, Lewis explica das naturezas mais básicas do amor até as mais complicadas, que a princípio se parecem. Em consequência, ele formula a fundação para seu tópico: "O mais elevado não fica sem o mais baixo", explorando a natureza do prazer. Segundo Lewis, resumidamente, os amores se dividem em:

Amor fraternal – storge, é o afeto com a família, especialmente entre seus membros ou pessoas que se encontram nesse círculo social. É descrita como a mais natural, emotiva e difundida forma do amor: natural porque existe sem a coerção; emotiva porque é o resultado do afeto devido à familiaridade.

Amizade – philia, é uma forte ligação entre pessoas que compartilham um interesse ou uma vida comum, é a amizade entre amigos e companheiros. Lewis explicitamente diz que a definição de amizade é mais estreita do que o mero companheirismo: a amizade em seu sentido real existe somente se houver algo para que a amizade esteja "embasada".

Amor romântico – eros, é o amor no sentido de "amor romântico". Muitas vezes associado à sexualidade e suas vertentes, com seus pecados e prazeres. É intenso e o mais perigoso dos tipos de amor, pois pode ser cruel e inebriante ao mesmo tempo.

Amor incondicional – ágape, é um amor considerado divino e incondicional. Lewis reconhece este como o maior dos amores, e o vê como uma virtude especificamente cristã. O amor e a orientação de Deus agem em nosso amor natural como o ato do sol e da chuva em um jardim: sem um ou outro, o objeto cessaria de ser bonito ou digno.

Após ler, pesquisar e refletir sobre tudo isso, e é claro, incorporar as minhas experiências, me questiono: é possível unir todos os tipos de amor?

Altruísmo

Ao pé da letra, acredito que seja impossível unir os quatro amores em apenas um; em contrapartida, acredito que a intensidade e o amadurecimento desses quatro sentimentos possam fortalecer ainda mais os relacionamentos e trabalhar na construção da real percepção sobre cada estágio da convivência entre seres focados num objetivo comum.

Ainda poderíamos citar como ação de comportamento interior, que promove o fortalecimento dessas filosofias de vida, a força interna do altruísmo. Acreditar que o ser humano é bom, e que todos terão boas chances na vida, basta que alguém lhe dê uma boa oportunidade, ou pelo menos mostre o caminho.

Para mim, essa é a força maior do altruísmo, dedicar-se ao próximo sem nada em troca, pois a maior conquista é o resultado que você oferece e não aquele que recebe.

Uma pergunta que sempre me fazem quando estou discutindo ou apresentando uma palestra sobre esse tema é: por que usar o Amor Ágape e não o Philia para o ambiente de trabalho?

Deixarei aqui mais uma humilde vivência pessoal desses poucos quinze anos de carreira percorrendo empresas pelo Brasil e em alguns outros países. Passamos a maior parte do nosso tempo com nossos colegas de trabalho ou com nossa família? Sentamos mais à mesa ao lado dos nossos colegas de trabalho ou dos nossos familiares? Discutimos mais sobre as falhas e pontos de melhorias com nossas famílias ou com colegas de trabalho? Participamos de mais festas e *happy hours* com quem?

Enfim, foi uma fácil percepção. Não é?

Mas, é só depois que você vive no chão das empresas é que se tem a verdadeira noção disso. Como já relatei de forma resumida anteriormente, eu iniciei minha trajetória nas grandes empresas florestais do manejo de eucalipto. Nelas, me fiz profissional respeitado, porque nunca neguei minhas origens e, principalmente, porque trilhei o caminho mais longo sempre. Sem atalhos, sem negociações nebulosas, com certeza poderia me enquadrar facilmente na "ficha limpa", sem nenhuma restrição; no entanto, em hipótese alguma irei tratar essas prerrogativas como virtudes, pois, para o meu nível de valores, elas são apenas obrigações, ou posso até chamá-las de itens básicos que já vieram de série.

Experiência de irmãos no ambiente de trabalho

Gostaria de relatar uma experiência muito particular, acho que poucas vezes narrada por mim em público. No início do ano 2000, uma equipe de colheita mecanizada chegou em minha cidade e fui solicitado para dar um suporte geral a esses trabalhadores, pois como iriam passar ali uma temporada de aproximadamente seis meses, queriam alguém local para orientá-los em relação aos melhores restaurantes, hotéis, academias, horas de lazer, enfim, ambientá-los naquela situação provisória, mas que não era confortável, pois ficar longe da família é uma das situações mais duras para quem a valoriza.

Logo percebi que os grupos estavam definidos e eram muito unidos, para não dizer fechados. Comecei a acompanhá-los em diversas ações, desde exames periódicos, festinhas dos aniversariantes do mês até emergências mais sérias, como a de um acidente de trabalho. Claro que isso me aproximou daqueles estranhos, porém o que me chamava mais a atenção, e confesso que me incomodava um pouco, era a forma como eles me recebiam. Vou explicar. No horário em que eu chegava no ponto para esperar o ônibus do primeiro turno, por volta das cinco horas da manhã, em minha região, no mês de julho, as temperaturas chegavam facilmente a quase zero graus. Portanto, imagine a animação das pessoas que estavam temporariamente ali, e vindas de uma das regiões mais quentes do estado. Literalmente o clima não era bom, cada um no seu canto. Mas o que me intrigava era a maneira como eles se cumprimentavam e a maneira como me cumprimentavam. Entre eles, era um "bom dia, irmão", seguido de um abraço ou aperto de mão forte, e comigo era "dia, professor", seguido de um acenar com a cabeça ou apenas com o olhar. Não tenho certeza se aquilo me incomodava tanto ou eu apenas achava bonita a cumplicidade entre eles. Mas os meses foram passando, as amizades foram se formando, eu incansavelmente dando conta de todos os horários, passando pelos mesmos perrengues que eles, até que aos poucos o meu "bom dia" foi melhorando, comecei a receber um "bom dia, irmãozinho!", seguido de um aperto de mão mais forte do que antes. É verdade que estava longe de ser como o deles, mas já era uma melhora significativa no relacionamento. Continuei fazendo as mesmas coisas, acho até que sendo ingênuo demais em alguns momentos, mas era apenas um jovem, me encontrando num novo mundo. Para minha surpresa, havia chegado a hora de eles voltarem para sua região, pois haviam finalizado a colheita naquelas fazendas e precisariam retornar. Rapidamente sugeri uma festa de despedida, pois ficamos ali envolvidos naquela operação por mais de nove meses, mas ao invés de me darem atenção, todos riram com minha ideia. Fiquei meio constrangido, mas enfrentei a galera e perguntei:

— Por que as piadinhas, vocês já organizaram tudo? Não precisam mais da minha ajuda?

Nesse momento, o pessoal começou a trocar dinheiro, como em uma casa de apostas, um apontava para o outro, e riam, e eu ali, sem entender nada. Até que um dos mais descontraídos, a quem posso até classificar como "folgado do bem", disse, no meio da roda:

— Nós fizemos algumas apostas com o seu nome, professor, estava em oito para dois que você não aguentaria um mês no nosso ritmo de trabalho.

Caramba! A galera não havia botado fé em mim. Entre uma piadinha e outra, eles foram me contando que o pessoal que havia apostado alto contra mim tentava me intimidar, me tratava com descaso só para eu desistir, mas que com o tempo eu fui conquistando o respeito deles. À medida que o tempo passava, alguns ainda dobraram os valores, mas eu havia quebrado a banca, como um bom azarão.

Após entender as piadas e brincadeiras, voltei a perguntar:

— Mas e a festa? Não vamos fazer nada, mesmo?

Foi aí que tive uma das maiores surpresas da minha vida.

O técnico de segurança, um dos mais importantes que passaram em minha carreira, Sr. Gilberto do Carmo Freire, um profissional de poucas brincadeiras e muito trabalho sério, dedicado ao extremo e apaixonado pela profissão, me olhou e, com todos já em silêncio, me disse:

— Não vai precisar de festa, professor, pois queremos que você siga conosco para a nossa região. Agora você faz parte da família, irmão.

Nem nos meus sonhos mais entusiasmados e otimistas eu iria pensar que uma proposta de emprego seria tão empolgante. Era algo surreal para mim. De um favor que haviam me pedido, eu viria a me tornar um influenciador de pessoas, de momentos, de humores e, por que não, de amores, pois até filhos nasceram após aqueles nove meses de colheita, mas essa é uma outra história...

Por essa curta lembrança, posso dizer que meu início foi duro, difícil, mas muito mais feliz e com excelentes aprendizados. Foram essas experiências que fizeram de mim quem eu sou hoje: um palestrante feliz e com sede de crescimento nas veias.

Por isso, acredito no amor ágape, não apenas em nossa relação com Deus, mas no sentido em que somos sua imagem e semelhança, e, portanto, devemos amar o próximo sem distinção. Se colocarmos esse amor em prática, os demais se fortalecerão e unirão ainda mais as pessoas.

Os sinais do amor

Quando comecei a ministrar palestras em empresas, percebi a falta que o amor faz nos ambientes de trabalho, pois a maioria das pessoas não está feliz ali. Elas estão no trabalho apenas por ser necessário para pagar as contas, com as frases mais terríveis que podemos escutar, como:

— É o que tem pra hoje.

— Melhor com ele do que sem ele.

— Tô mandando currículo por aí.

— Quando pintar algo melhor, saio fora.

E por aí vai. Por isso, temos tanta dificuldade em montar equipes comprometidas, pois essas pessoas não querem estar ali, quanto mais fazer parte de algo. Confesso que sofri muito no meu começo de carreira, pois meu modelo de empresa era a minha família, onde tudo era dividido, compartilhado e multiplicado, os bons e o maus momentos, afinal o ideal e o propósito eram únicos: viver bem!

Com alguns anos de palco, muitas empresas visitadas e muitos perfis diferentes de líderes com os quais pude ter o privilégio de interagir em mais de dez anos de palestras e com certeza mais de 50 mil pessoas atingidas, com uma média de mais de 150 palestras por ano, estou hoje alcançando a minha maturidade, conseguindo defender meus ideais, dividir conceitos para multiplicar conhecimento, e com certeza deixar um legado, e um legado muito especial, pois ele se chama AMOR. No sentido mais puro da palavra, posso até registrar que às vezes sinto todos os tipos de amor em meu trabalho. É, estou me referindo a não conseguir dividi-los, pelo contrário, acho que acabo sempre somando todos eles, amor ágape + amor storge + amor philia + amor eros = altruísmo. Com certeza não é fácil administrar todas essas sensações e desejos, mas quando os objetivos se encontram e as pessoas percebem que o sucesso só acontecerá de forma coletiva, os caminhos e as opções começam a aparecer de forma muito mais clara e próxima a cada realidade. Entender que, se as pessoas à sua volta não estiverem bem e felizes, de nada adiantará o seu sucesso. Se um trabalhador precisa passar no boteco após um dia intenso de trabalho para depois chegar em casa, com certeza ele não é feliz no lar.

Assim também se outro trabalhador tem dificuldade de sair da cama e sempre aciona o botão "soneca" do celular, é um sinal forte de que não deseja enfrentar as atividades laborais, e pode significar que ele também não é feliz no trabalho.

Só seremos felizes se nos sentirmos bem em todos os ambientes, ou seja, em casa ou no trabalho.

Não pode ser uma escolha apenas comercial, precisam ser levados em conta todos os "porquês". Pois as respostas com certeza todos nós já temos, segundo Simon Sinek, palestrante motivacional e consultor organizacional britânico-americano, autor da obra *Por quê? Como grandes líderes inspiram ação*. Em 2009, ele iniciou um movimento que ficou conhecido como o Círculo Dourado, no qual afirma que para qualquer dúvida devemos fazer três perguntas: o quê? Como? Por quê? E depois repeti-las nos dois sentidos: de fora para dentro e de dentro para fora.

Imagine que um entrevistador perguntou ao candidato a uma determinada vaga de emprego as questões abaixo na seguinte ordem, pensando primeiro de fora para dentro:

— O QUE você quer trabalhando aqui?

A resposta foi rápida:

— Ser um excelente profissional.

— Mas COMO você será um excelente profissional?

Mais uma resposta rápida:

— Seguindo as regras, horários e normas. Enfim, fazendo o que mandam.

Última pergunta:

—POR QUE você quer trabalhar aqui?

Sem titubear, a resposta foi:

— Porque preciso pagar minhas contas.

A minha questão para você, leitor, é a seguinte: existe esse tipo de profissional nas empresas? Ele existe na sua empresa? No seu setor? Ao seu lado?

Sim. Com toda convicção, afirmo que a maioria dos funcionários espalhados pelo mundo pensa assim: entrar na empresa, ser um ótimo trabalhador para se manter lá, fazendo o que é necessário, para que no final do mês receba seu salário de forma justa e honesta.

Há algum mal nisso? Até ontem, não, mas a partir de hoje, sim. Pois o mundo dos resultados não pode contar apenas com o eficiente, aquele que faz apenas o que foi programado ou fica esperando as ordens. Sabe aquele que não perde a hora, realiza todas as tarefas no prazo, nunca diz não, não é tão caprichoso, mas executa sem questionar? Ele ainda é maioria nas organizações, porém, as novas exigências requerem mais proatividade, mais ideias, questionamentos, mais experiências práticas, queremos no mínimo o eficaz, aquele que tem todas as qualidades do eficiente, porém com um grau mais elevado de percepção das reais necessidades do ambiente. Sabe aquele inquieto, que se aborrece por não ter ficado tão bom, que questiona os outros, que cobra seus direitos, mas também se empenha em conquistá-los? Pois bem, para encontrá-lo, as perguntas deverão ser feitas no sentido oposto, de dentro para fora:

— POR QUE você quer trabalhar conosco? — questiona o entrevistador.

A resposta do eficaz:

— Para conquistar minha realização profissional e aplicar o que aprendi em meus estudos.

— COMO você quer fazer isso?

— A empresa me dará condições e eu trarei meu conhecimento e expertise.

— Mas O QUE você quer de fato trabalhando aqui?

— Conquistar meu espaço, me firmar e trabalhar aqui por muito tempo.

Altera-se a ordem das perguntas e, principalmente, o sentido das respostas. Hoje em dia, muitos funcionários iniciam seus novos trabalhos sem saber ao certo o que desejam. Ouço com frequência jovens dizendo: "Vou tentar lá, se não der, arrumo outra coisa". Parece que temos empregos de sobra em nosso país. É uma conta que não irá se fechar, pois, sim, temos empregos disponíveis no mercado de trabalho brasileiro, mas, em contrapartida, não temos mão de obra qualificada, e no futuro, que já não é mais futuro e sim presente, poderemos entrar em colapso se não resolvermos essa equação.

Voltamos então a divulgar o amor. Ficou confuso? Estou falando que falta qualificação e venho com o amor como solução. Sim, comecei a me questionar o porquê de os nossos jovens não se interessarem mais pelo trabalho dos pais — porque eles querem tarefas mais simples, porque eles querem encontrar uma ideia inovadora para em seguida vendê-la, ficar ricos e não precisar trabalhar mais.

Pense em todas as vezes que o seu pai entrou em casa após um dia cansativo de trabalho. Pensou? Então, quais foram as primeiras frases dele? Será que foram algo do tipo:

— Eu não aguento mais isso.

— Meu chefe é um carrasco.

— Se eu pudesse, nunca mais voltaria lá.

Será que uma criança criada com esse modelo de estrutura familiar e com esse exemplo de satisfação do dever cumprido se sentirá motivada a ser trabalhadora? Impossível. O exemplo deve vir de quem educa, e não apenas pela necessidade do dinheiro. Precisamos estar atentos às mensagens que passamos para os nossos filhos, pois eles são o futuro, e precisam entender que trabalhar é muito bom, prazeroso e honroso. Conquistar nossa qualificação serve para atender não apenas as necessidades do mercado, mas as nossas também.

Com certa frequência, sou convidado a ministrar palestras voluntárias para alunos de cursos técnicos de escolas públicas. E como é gratificante para mim, quando ao final da palestra sou abordado por aquele aluno ou aquela aluna simples, humilde, que estava sem expectativas, que chega meio acanhado e pede para tirar uma foto comigo e, após minha recepção e disposição em atendê-lo, me olha e diz: "Você me deu um novo ânimo, vou correr atrás dos meus sonhos". Saio daquele momento muito mais forte, ou seja, foi bom para todos nós, eles viram em mim um modelo de sucesso, mas, antes disso, um modelo de possibilidades, um exemplo de que, independentemente das suas condições, tudo é possível se você se esforçar. Não estou falando de apenas cursar alguma disciplina, estou falando em esforço árduo, aquele que dói, que exige abdicações, que nos faz recorrer à humildade para pedir ajuda. Por isso, nós, professores, palestrantes, *coaches,* consultores, líderes, pais, mães, irmãos e amigos, precisamos estar mais atentos, pois exercemos um papel altamente influenciador para as pretensões desses jovens que almejam um futuro digno e honesto.

Carreira de palestrante – Divulgando o amor nas empresas

Até chegar ao nível em que estou hoje, muitas coisas aconteceram, porém agora vou focar apenas na minha mais recente profissão, a de palestrante. Confesso que tudo aconteceu muito mais rápido do que eu imaginava, e sou sempre muito sincero em dizer que não planejei cada acontecimento ou mudança nos meus rumos profissionais. Também posso afirmar que elas não aconteceram por acaso, mas porque eu sempre estava em constante movimento e buscando novidades. Costumo questionar minhas plateias perguntando: "Quantas vezes o cavalo selado passa na sua frente?".

A resposta na maioria das vezes é: uma só. E eu, em 100 por cento delas, discordo, pois acredito que o cavalo selado passa todos os dias quando você acorda, já que, se você acordou, quer dizer que está vivo, e será mais um dia para mudanças, uma nova oportunidade de fazer diferente, de ser diferente. Enfim, todo novo dia é uma oportunidade de melhoria.

Mesmo com esses conceitos muito claros em minha trajetória, eu não sou um palestrante convencional, na verdade não me enquadro nos perfis dos palestrantes motivacionais que conheço. Veja bem, eu não sou um ex-atleta de sucesso que conquistou uma medalha olímpica de forma inacreditável nem construí uma empresa inovadora e a vendi com números estratosféricos para uma gigante multinacional, nem apresento casos de planejamento e estratégias de escaladas aos pontos mais altos do mundo, no caso dos exploradores, ou ainda, nos casos de superação por uma doença ou acidente sofridos e curados com muita força de vontade. Enfim, eu não tenho nenhuma dessas histórias ou *cases*, como falamos no mundo corporativo. Meu início na função de palestrante foi apresentando temas técnicos, como: ginástica laboral, ergonomia, prevenção das LER/DORT, promoção da saúde e segurança do trabalhador, sempre ligados à minha expertise profissional, e meu diferencial sempre foi a minha grande virtude como orador, colocando uma pitada de humor em casos sérios, assim como criando analogias e relações muito próximas da vida pessoal. Afinal, quando a plateia se emociona ou se vê naquela situação, com certeza o conteúdo é melhor absorvido e, dessa forma, mesmo os assuntos mais chatos se tornavam interessantes e a plateia não dormia.

No início, eu achava que era apenas mais uma ferramenta de palco, ou uma simples maneira de ser mais legal.

Nada melhor do que horas de palco e muitos quilômetros rodados para eu perceber que não era bem isso. Com o passar do tempo, comecei a entender que as pessoas precisavam muito mais do riso, da descontração, de exemplos de superação e sucessos reais palpáveis à sua realidade para começarem a despertar em si próprias a força para mudar. Ninguém adere a programas de saúde ou de segurança se não entender os reais motivos, se não fizer parte dos benefícios, por isso, é uma mudança de hábitos e uma melhora de comportamento. As duas palavras a seguir estão sempre em evidência em qualquer tema de palestra que eu executo, e não poderia ser diferente.

Hábito: substantivo masculino. Ação que se repete com frequência e regularidade; mania.

Comportamento: substantivo masculino. Modo de se comportar, de proceder, de agir diante de algo ou alguém. Conjunto das atitudes específicas de alguém diante de uma situação, tendo em conta seu ambiente, sociedade, sentimentos etc.

Ou seja, os hábitos estão diretamente ligados às suas ações individuais, e o comportamento é a sua ação frente a uma determinada situação, portanto, quanto mais fortalecermos os hábitos, melhores serão os comportamentos em equipe, família e sociedade.

Quando comecei a acreditar nessa teoria com mais firmeza, meus horizontes como palestrante, *coach*, professor ou como queiram chamar, se expandiram de uma maneira jamais imaginada por mim. A ponto de eu ser convidado a palestrar sobre assuntos totalmente fora das minhas origens, como: direção defensiva, cuidados com agrotóxicos, programa 5S, seis sigmas, comportamento seguro, acidente zero, qualidade total, meio ambiente, inovações, reeducação financeira, alta performance, líderes de vendas, comunicação eficaz, enfim, tantos assuntos que nem sei como consegui. Na verdade, tenho a exata consciência de como tudo isso foi possível. Só aconteceu porque, independentemente do tema, quando falamos de pessoas, falamos de mudanças, e só há mudança com novas atitudes, novos hábitos e comportamentos perenes, pensando sempre no ganha-ganha.

Foi aí que me encontrei novamente, e compreendi que eu precisava de uma medula espinhal para as minhas ações, algo que fosse o meu porto seguro, minha bandeira de vida, meu lema de trabalho e até mesmo a inspiração para viver melhor. Isso se tornou o tema da minha mais recente palestra, que me move a seguir em frente e chegar até as pessoas, que pode fazer a diferença sempre, nos bons e maus momentos, que quero divulgar em todas as minhas oportunidades de falar em público, pois agora não é apenas mais um trabalho, mas sim o meu propósito: mostrar para as pessoas que todas as mudanças necessárias serão melhor aceitas e rapidamente colocadas em prática se respeitarmos uns aos outros e formos capazes de entender a força dessa palavra de quatro letras que se chama amor.

Fiz até um acrônimo para ilustrar e resumir como eu vejo e encaro essa missão:

- **A**titude
- **M**otivação
- **O**rganização
- **R**esponsabilidade

Vamos por etapas. Primeiro, o **A** de **ATITUDE**, pois sem vontade nada acontece. Se você quer que alguém seja educado com você, seja educado primeiro; se você quer um favor, esteja sempre disposto a realizar outro quando for solicitado; se você deseja uma equipe atenta aos detalhes, seja detalhista, e assim por diante. Lembro-me de quando falei de amor numa empresa pela primeira vez, foi uma quebra de paradigmas, pois a maioria das empresas não fala sobre isso e se justifica dizendo que lugar de trabalho é para trabalhar, não para amar. Bem, como já dá para perceber, eu discordo, pois, se você não amar o que faz, não fará bem feito e nunca será feliz.

Pensando assim, um dia tomei coragem, não avisei o cliente e encerrei a palestra falando de amor. Nessa ocasião, estava em uma siderúrgica no Rio de Janeiro, com um público formado apenas por homens, de trabalho braçal duro, carrancudos e meio brutos, mas encarei as testas franzidas e tentei plantar a semente do amor. Falei da importância da minha família, dos amigos, dos "nãos" que eu já havia recebido, aos quais eu sempre dedico minhas vitórias, pois graças aos "nãos" é que nos fortalecemos e continuamos na luta. Ao final da palestra, alguns até se emocionaram, foi muito gratificante, mas, para minha surpresa, as minhas palavras haviam tocado mais fundo uma pessoa. Após a palestra, sempre ficam alguns ouvintes para tirar uma foto, elogiar ou criticar alguma coisa, enfim, naquele dia, eu percebi que um senhor bem-vestido esperava em pé ao fundo da sala e, quando todos saíram, ele veio até mim, me abraçou e disse:

— Muito bom, professor, esse pessoal estava precisando ouvir isso.

— Nossa, eu que agradeço por ouvir isso – respondi, meio constrangido.

E ele continuou a falar:

— Cheguei muito jovem nesta empresa e hoje sou o diretor geral, e sempre achei normal o fato de os colaboradores serem fechados. Sempre justifiquei essa percepção, achando que era porque o trabalho era duro mesmo, que em virtude do barulho das máquinas eles precisam usar protetores auriculares quase que em tempo integral, e hoje percebi que isso dificulta a comunicação e acaba afastando as pessoas. Eu achava que eles não tinham um bom relacionamento aqui dentro porque moravam em bairros distantes uns dos outros e, por isso, não tinham um convívio social fora da empresa, e eu já estava conformado com aquele modelo mais introspectivo. Mas hoje, após tantos anos, ouvi muita coisa antiga, porém com uma visão e aplicação muito moderna e, acima de tudo, necessária. Confesso que ouvi tudo atentamente e mais uma vez tive a oportunidade de aprender na prática e com alguém muito mais jovem, mas que me passou segurança e expertise no assunto e, por isso, vim aqui agradecê-lo.

Só de ouvir aquelas palavras meu coração já não estava mais num ritmo normal, parecia que iria sair pela boca, mas ao final da conversa ele me surpreendeu novamente, dizendo:

— É possível você voltar à noite para realizar essa mesma palestra no terceiro turno?

Mais do que rápido, respondi.

— Claro, mas tem algum motivo especial?

Novamente, ele começou a explicar:

— Sim. É que estamos encerrando hoje uma atividade de muito risco, ficamos quase noventa dias realizando uma reforma nos fornos da linha três, e o turno da noite trabalhou arduamente, pois escolhemos fazer esse trabalho à noite em virtude do calor que é menos intenso nesse horário. Em contrapartida, nesse horário as equipes têm menos funcionários e eles precisaram se redobrar, viraram algumas horas extras a mais que o normal, pegaram mais pesado ainda, e para complicar, as esposas começaram a ligar na ouvidoria e reclamar que os maridos estavam ausentes do lar, que chegavam muito esgotados, estavam preocupadas com a saúde deles. E depois de ouvi-lo falar com tanta propriedade sobre amor, eu pensei que faria bem para eles te ouvirem também. Vou comprar uns brindes e ao final da palestra entregaremos a eles. O que acha?

Topei na hora, marcamos o horário e voltei para a palestra extra no turno da noite. Como de costume, chego sempre pelo menos uma hora antes do combinado, pois gosto de sentir o clima, ouvir os comentários, as piadas, a famosa "rádio peão", isso me deixa mais íntimo da realidade em que irei interferir com meus conceitos. Alguns minutos depois de mim, chegou o diretor com mais dois funcionários, trazendo os tais brindes. Rapidamente me ofereci para ajudar, pois percebi que eram frágeis e, após organizá-los sobre uma mesa, eu consegui ver que eram botões de rosas, lembram que era uma empresa de homens? Trabalho braçal? Então, na minha cabeça seria mais bem aceito se déssemos os bons e velhos chaveirinhos. Foi então que ele fez a pergunta que eu não queria ouvir.

— Gostou, professor? São lindas, não são?

E eu, meio constrangido, perguntei:

— Será que eles vão gostar?

Como quem diz, "uma caneta faria mais sucesso".

E aquele homem, muito mais sábio do que eu, novamente me ensinou, explicando que a ideia era que os funcionários levassem aquelas rosas para suas esposas, pois naquele dia eles iriam encerrar a reforma dos fornos e voltariam à sua rotina habitual e seus horários normais, e elas não precisariam mais ligar na ouvidoria para reclamar do cansaço e da ausência dos maridos devido às horas extras e plantões de final de semana.

Depois de mais essa lição estratégica, me comprometi a ser ainda mais perspicaz e garanti que iria emocionar a todos e motivá-los a chegar em casa com muito amor no coração.

Ao final da palestra, coloquei uma música romântica de fundo, disse palavras de amor e orientei a todos, dizendo:

— Rapaziada, quando chegar em casa hoje, e a sua esposa abrir a porta, não deixe ela falar nada, estique o braço e, com o botão de rosa na mão, diga para ela: "Para você, meu amor".

Dito isso, alguns riram, outros abaixaram a cabeça, mas um em especial — sabe aquele mais malandro? — me olhou meio sarcástico e disse com um sotaque bem "carioquês":

— Sei não, hein, parceiro... Acho que não vai rolar...

Mas eu insisti, falei para ele quebrar aquele paradigma, abrir a mente e encher o coração de carinho, explicar que a reforma dos fornos havia terminado e tudo voltaria ao normal. Parecia que eu tinha conseguido motivá-los, a maioria saiu rindo e comentando alguma coisa.

No outro dia, voltei curioso para saber como tinha sido e logo na portaria encontrei com aquele carioca mais esperto, o "malandrex" e, após eu perguntar como tinha sido, ele abriu os braços meio esculachando e disse, rindo:

— Deu merda, deu merda, merda, merda...

Respondi, já perguntando:

— Como assim? Você não fez como orientei?

E ele começou a explicar, com aquele sotaque que só o carioca da gema tem:

— Pô, *teacher*, fiz igualzinho tu mandou, malandro. Quando a dona abriu a porta, estiquei o braço e mandei: "Pá tu, *my love*"!

Interrompi, perguntando, aflito:

— E ela? Respondeu o quê?

E o carioca torceu o nariz e finalizou:

— Professor, ela cruzou os braços, fechou a cara e retrucou: "Aprontou o quê, vagabundo?".

Então me pergunto: em dez anos de casamento será que ele havia levado rosas ou outro mimo alguma vez? Com certeza, nunca, e é disso que estamos falando, de atitude. Se não houver atitude, não há amor.

Poderíamos conversar muito sobre cada uma dessas letras da palavra amor, pois tudo dependerá da sua compreensão, das suas experiências e principalmente dos seus motivos. São eles que representam a verdadeira dimensão da força das nossas escolhas, pois amar também é uma escolha e dá muito trabalho, requer esforços, empenho e principalmente respeito, como até já citamos até aqui. Porém, acredito que quanto mais refletirmos ao término de cada conversa e atitude que possamos vir a ter com as pessoas que de fato influenciamos, mais elas serão incorporadas em nossas vidas. Não quero parecer prepotente ou me achar um exímio escritor, mas defendo e acredito verdadeiramente na força desse amor, aquele que não tem nada a ver com "tesão", pois estou me referindo ao amor sem distinção, ao amor sincero e puro, e acredito que esse seja o único amor que devemos ter pelo próximo, pela família, pelo trabalho, até pelos momentos de lazer. Esse amor muitas vezes está sendo deixado de lado pela cobiça, por bens materiais, por um conforto subjetivo, quando, na verdade, precisamos de muito menos para sermos felizes. Devemos entender que essa tal felicidade não está nas coisas, e sim nas pessoas, nos momentos, e precisamos ir em busca dela todos os dias de nossas vidas, pois ela é um estado. Para bater no peito e dizer: "Eu sou feliz!", você precisa entender que está feliz, e esse estado de felicidade pode ser alcançado em diferentes estágios e momentos das nossas vidas, pode ser encontrado em diferentes lugares e situações. Portanto, volto a repetir: a base da educação vem de berço, e é de lá que começamos a construir mais dias felizes do que tristes, pois os dois sempre farão parte da trajetória, com uma única certeza: cabe a cada um escolher qual deles estará mais presente.

Chegamos assim na letra **M**, de **MOTIVAÇÃO**. Depois que definimos que sem atitude não tem nem um começo, entendemos que a motivação é o que nos fará continuar tendo atitude, por isso é tão importante encontrar pessoas que compartilhem das mesmas vontades, pois quando nos unimos com pessoas diferentes, mas que desejam as mesmas coisas, com certeza ficamos mais fortes. Não estou falando de identificar-se com o perfil daquela ou da outra pessoa, mas sim, com as atitudes que elas praticam, pois "a motivação vem de dentro", como sempre me fala o meu irmão inspirador, o palestrante Edgard Routh. E, às vezes, ela não vem de dentro de você, mas de quem está próximo a você, e isso é absolutamente inspirador, nos faz entender que precisamos estar ao lado de pessoas que exigem o nosso melhor, aquelas que nos incomodam a sempre doar o que temos de mais precioso, que é a disposição em tentar. Para ilustrar essa teoria, sempre conto um "causo" como se fosse meu, mas nem me lembro onde ouvi ou li sobre isso. Reza a lenda que em casamento de rico tem a hora do discurso dos noivos, uma formalidade séria, quando eles expressam para os pais, padrinhos e convidados os interesses de cada cônjuge. Foi nesse momento que o noivo, lindo e maravilhoso, de pais milionários, de dentes perfeitos e cabelos lisos e loiros, sobe ao palco e começa a discursar:

— Quero que todos saibam que sou o único herdeiro de todas as empresas da minha família, e por esse motivo sou um homem muito ocupado que se dedica primeiramente aos negócios, então (direcionando o olhar com aqueles lindos olhos azuis para sua esposa), quero que todos vocês e minha esposa saibam que minha semana será sempre de muito trabalho. Sendo assim, na segunda-feira ficarei sempre até mais tarde no escritório e não tenho horário para voltar para casa, na terça-feira precisarei dar uma atenção especial ao meu inglês e terei aulas particulares após o expediente, e também chegarei tarde em casa. Na quarta, é o dia de futebol na TV e me reúno com os colegas de trabalho para descontrair um pouco e me aproximar mais deles, então também não tenho hora para voltar para casa. Na quinta-feira, preciso cuidar da saúde e vou para o clube para me exercitar e manter a forma, e também chegarei muito tarde nesse dia. E na sexta, como ninguém é de ferro, vou para aquele *happy hour* com o pessoal da diretoria, por isso, nem me espere nesse dia.

Nesse momento, todas as mulheres presentes queriam pular na jugular dele. Em compensação, os homens olhavam para o seu ídolo. Na verdade foi só até a noiva falar, pois ela, toda meiga e introspectiva, que havia ouvido tudo aquilo com bom humor e calma, pegou o microfone e com apenas uma frase inverteu a situação, dizendo:

— Entendo perfeitamente sua posição e seus compromissos, quero apenas que saiba que lá em casa vai ter sexo toda noite, esteja quem estiver.

É, quando não se tem clareza dos papéis e funções, você pode focar suas forças em atitudes erradas e, consequentemente, gerar motivações desastrosas, do tipo que conquista resultados expressivos, mas sem a qualidade das pessoas envolvidas ou, ainda, usar a frase: "Os fins justificam os meios". Frases como essa deverão ficar no passado, por isso estamos atuando tão forte em relacionamentos interpessoais. A máquina ficará mais inteligente que o homem, mas nunca terá a nossa consciência, pois seremos nós que decidiremos a diferença entre o bem e o mal, o certo e o errado. Atitudes corretas, motivação para vitórias.

Acreditando nessas duas primeiras palavras, atitude e motivação, cheguei à letra **O**, de **ORGANIZAÇÃO**. Para que as atitudes corretas e a motivação para vencer possam perdurar como hábitos nas nossas vidas, precisaremos de um ambiente organizado, onde além das regras, limpeza e procedimentos claros e bem definidos, a organização das pessoas será de extrema importância. Mas a qual organização estou me referindo? À organização além das regras, das escolhas que fazemos quando ninguém está olhando. Não tem ninguém olhando quando eu jogo o papel no chão ou sujo a tampa do vaso sanitário porque sei que alguém irá limpar, mas isso tem a ver com atitude novamente. As pessoas fazem o ambiente, mas se o ambiente for organizado, com estruturas hierárquicas bem definidas e papéis executados de maneira equilibrada, muito menos tempo será gasto nas reuniões de crise e muito mais tempo será separado para os treinamentos e reuniões estratégicas de crescimento.

Seguindo essa coerência de raciocínio, com ações comportamentais individuais de Atitudes + Motivação + Organização, cheguei à letra **R**, de **RESPONSABILIDADE**, pois depois de estimular atitudes proativas, motivação pelo sucesso, organização das tarefas, concluí que a palavra responsabilidade será o alicerce necessário para absorver todos esses conceitos e ações para dentro da sua vida. E não apenas no ambiente de trabalho, mas para levar para casa, família, escola, comunidade, igreja, enfim, SER, e não estar — ou você é honesto, é trabalhador, é pontual, é responsável, é amoroso ou não é. Por isso fechei o meu entendimento de amor com essas quatro palavras que poderão provocar muitas mudanças na vida de qualquer ser humano: Atitude, Motivação, Organização e Responsabilidade, ou simplesmente AMOR.

Amor em todos os sentidos, do respeito pelo próximo até os mais virtuosos sentimentos de conquista, pois tudo em que depositamos energia extra nos aproxima das conquistas. Todos os profissionais de alta performance que conheço querem estar entre os vitoriosos, querem ser vencedores, pessoas de sucesso, ou seja, querem ter. Ter mais dinheiro, mais sucesso, mais oportunidades, mais amigos, mais tempo livre com a família, mas, para isso, precisamos antes fazer o que é necessário para se planejar com organização, disciplina e determinação, fazer economias, estudar com mais afinco, trabalhar com alegria e conquistar boas relações de amizade, tanto no trabalho como na vida pessoal, pois todas as amizades serão novas conexões, novas possibilidades, novos networkings, sempre em movimento. Para fazer todas essas novas pontes, a base da pirâmide é o que você de fato é, ou seja, qual é o seu ser. Para mim, é ser honesto, ser pontual, ser produtivo, ser ambicioso, ser humilde e respeitador, ser educado e paciente, ser exemplo para todos à sua volta.

Foi o que aprendi com a Pirâmide do Processo Evolutivo:

O meu entendimento mais claro da força da Pirâmide do Processo Evolutivo aconteceu na prática, quando eu fui convidado por uma grande empresa de logística a prestar uma consultoria sobre segurança no trabalho, mais especificamente sobre os atos falhos que os motoristas de caminhão cometiam quando estavam sozinhos na estrada, sem supervisão, ou seja, quando ninguém está olhando. Parece familiar para você essa situação? Com certeza irá parecer familiar para muitos líderes, gestores e até pais de família que, enquanto estão olhando os filhos e/ou subordinados, os mesmos obedecem e cumprem todas as ordens e regras, mas quando os "gatos" não estão por perto, os "ratos" fazem a festa. Pois bem, esse era o *briefing* que eu tinha para apresentar um projeto de ações educativas e motivacionais para promover uma tal de interdependência, cada um ser o dono do seu próprio nariz, dono do seu destino. A meta era clara: conseguir que cada profissional seguisse as regras e procedimentos não apenas por seguir ou para evitar punições, como aquele motorista que só diminui a velocidade quando vê o radar, mas logo em seguida acelera novamente. Esse está longe da interdependência, esse é o reativo, aquele que apenas reage a um ato falho, mas não se preocupa em fazer o certo, apenas em bater as metas, mesmo que para isso seja preciso acelerar um pouco mais.

Com esse cenário extremamente difícil de posicionamento comportamental, minha missão era elevar o nível daqueles motoristas do estágio reativo para o estágio da interdependência, sabendo que entre eles existem ainda mais dois estágios do processo evolutivo, que são a dependência e a independência; com a minha experiência, tenho absoluta certeza que eu estava fadado ao fracasso, caso quisesse pular essas etapas, mesmo uma única que fosse, pois a dependência é aquele momento onde o profissional precisa ser orientado de perto, ele precisa conviver com pessoas e profissionais que já estejam num patamar comportamental mais elevado, para que ele visualize os exemplos e os atos e não fique apenas na teoria. Essa estratégia eleva rapidamente o profissional da DEPENDÊNCIA para o estágio da INDEPENDÊNCIA, pois quando ele vê outros da sua equipe com autonomia e liberdade para atuar, porque os líderes confiam nos independentes, ele também quer chegar a esse nível. Todos nós gostamos dessa tal liberdade, o problema é que ela vem cheia de responsabilidade, o que as pessoas reativas e dependente não querem; não querem e não estão prontas para assumir o controle de suas ações, preferem a omissão e ficar na sombra da ordem do chefe, pois, se algo der errado, quem foi o culpado? Sim, quem mandou fazer, não quem fez. Bem, isso na cabeça das pessoas que estão nesses níveis baixos de compreensão. Já as pessoas que foram bem treinadas e assimilaram bem os verdadeiros motivos e necessidades dessa evolução devem estar no mínimo no terceiro estágio, que é a independência, onde assumir a responsabilidade não é uma opção, e sim um dever que faz bem as pessoas e melhor ainda às equipes, pois as cobranças tendem a diminuir, numa clara conversão, ou seja, se as pessoas assumem seus compromissos e deveres, por que serão cobradas? Conta básica de compra e venda: se um está vendendo e o outro está comprando é porque ambos têm um interesse com aquele produto. Em nosso caso, o produto comercializado é a prestação de serviço, que é o principal ativo de qualquer trabalhador. Por fim, chegamos na interdependência, que praticamente é o estágio da independência com um *plus* ou um upgrade para ficarmos mais próximos das nomenclaturas da nova revolução industrial. Mas qual seria esse upgrade? O mais claro possível, aplicar o cuidado ativo ou cuidado mútuo, que se resume em:

Eu cuido de mim, cuido de você e permito que você cuide de mim.

Portanto, é impossível pular etapas, precisamos galgar cada degrau com muito trabalho, treinamento e exemplos reais e práticos da nossa realidade. Acredito muito nas analogias palpáveis, próxima do dia a dia das pessoas em questão, sem precisar viajar até o outro lado do planeta para criar exemplos de sucesso ou fracasso, acredito que para evoluir nesse processo cultural é preciso resgatar o trabalho do "menos é mais", que pode ser resumido em: diminuir a sopa de letrinhas, as frases de efeito, e aqueles vídeos assustadores de acidentes ou perdas familiares, além do discurso "terrorista" que usa as crises para justificar desligamentos. Acredito na solução mais simples do mundo, que é caprichar nos diálogos abertos, dar ouvido para o público-alvo, compreendendo suas necessidades e prerrogativas, para identificar de forma mais contundente quais são os verdadeiros motivos daquele comportamento, sempre preparado para uma investigação técnica de cada possível falha de operação e conduta, onde a principal ferramenta de aderência a essa mudança comportamental proposta é sempre a resolução rápida das falhas, já que, quando não se resolve rápido o problema, ele pode se tornar um monstro do pântano, aquele que só nos puxa para a lama. Em contrapartida, quando as equipes operacionais percebem que a liderança está comprometida em solucionar os problemas em vez de achar culpados, acontece uma mobilização natural e progressiva da evolução comportamental, que posso resumir em uma única palavra: gratidão. Quando percebemos que outros estão contribuindo com o nosso bem-estar, esse sentimento é aflorado, e imediatamente nos sentimos na obrigação de retribuir, nesse caso, fazendo o que já deveria ter sido feito.

Fica mais do que claro que só conseguimos evoluir nos estágios comportamentais quando temos bons exemplos a seguir, como eu tive o espelho do meu pai durante minha formação, cresci olhando atos, tentativas, conceitos, e principalmente seu amor à profissão. Olhando tudo aquilo a minha volta, evoluir como pessoa e profissional se tornou uma necessidade para mim, e quanto mais eu estudo e vivo experiências no mundo corporativo, mais eu acredito nessa filosofia de vida, onde bons discursos orientam, mas bons exemplos arrastam e contagiam bons profissionais a se tornarem excelentes pessoas.

Após eu entender um pouco mais das necessidades dessa empresa de logística, preparei uma apresentação para a diretoria, onde contava várias ações para promover as mudanças comportamentais que todos sonhavam. Porém antes mesmo que eu iniciasse a minha apresentação, o gerente de operações daquela empresa, daqueles bem práticos e objetivos, nem deixou eu começar e me surpreendeu com a seguinte pergunta:

— O que você vai propor já foi realizado em outra empresa?

Antes que eu respondesse, ele completou:

— Deu certo?

Respirei fundo e rebati a pergunta com as três camadas da Pirâmide Evolutiva, devolvendo três perguntas para ele:

— O que vocês TÊM de ferramentas práticas que podem ser usadas para promover a segurança dos seus motoristas? — Usei a camada "TER", ou seja, comecei com o ápice da pirâmide.

Rapidamente, ele respondeu com várias ferramentas de controle que eles utilizavam nos processos, como: telemetria, computador de bordo, piloto automático, checklist de manutenção online, enfim, listou uma série de ferramentas.

Aí, eu fiz a segunda pergunta:

— E o que vocês FAZEM com essas ferramentas. — Usei a camada central, "FAZER".

Mais uma vez, ele respondeu com uma nova lista de ações, como: paradas-surpresas para auditorias, comparativos entre os motoristas, ações de combate ao sono nas estradas, eventos de promoção da saúde do caminhoneiro, cursos de direção defensiva periodicamente, entre outros.

Após essa resposta, eu fiz a última pergunta, agora da camada de base, a mais importante, o "SER":

— Os seus motoristas SÃO seguros?

Nesse momento, ele ficou em silêncio e ao invés de me responder com mais uma lista de procedimentos, me perguntou:

— Me dê um exemplo prático do que é SER seguro para você?

E eu respondi:

— É simples, me responda de acordo com a percepção e conhecimento que você tem das pessoas da sua equipe: seus motoristas que têm todos esses processos e ferramentas a sua disposição, que recebem todos os treinamentos, todos os feedbacks, todas as orientações necessárias de acordo com a legislação e ainda, com todos os Programas de Qualidade e de Segurança que vocês aplicam e defendem, quando eles deixam o caminhão na garagem da empresa, pegam o seu carro particular e vão para sua folga, eles continuam aplicando os mesmos procedimentos e regras em sua vida fora da empresa? Numa estrada vazia, que eles conhecem como a palma da sua mão, dentro do seu carro particular, sabendo todos os pontos de radares e polícia rodoviária, e com muita vontade de chegar em casa, eu lhe pergunto: eles aceleram ou seguem os limites de velocidade daquela pista?

Nesse momento, os olhares começaram a buscar o chão e ninguém quis arriscar uma resposta incoerente.

Qual foi o aprendizado que consegui tirar dessa experiência? Vários, mas o principal deles foi que não basta seguir as regras na empresa: quando falamos em cultura organizacional precisamos entender que ela deverá fazer parte da VIDA das pessoas, pois, só assim iremos trabalhar na camada correta, que é o ser. Ou nossos profissionais são, ou não são seguros; ou são, ou não são eficazes, performáticos, unidos e, principalmente, felizes.

A única equipe que consegue evoluir e se tornar interdependente é aquela que acredita que tudo o que se aprende na empresa pode ser útil se aplicado a sua vida pessoal. Afinal, se é bom para grandes empresas, que dependem dos bons serviços para crescer e serem sustentáveis, também deverá ser bom para nossa cidade, comunidade e até mesmo para nossa família.

E a recíproca é absolutamente verdadeira: quando aplicamos honestidade, respeito, compromisso, fidelidade e bom senso em nossas relações particulares, voltamos para os nossos empregos com muito mais força, entusiasmo e, por que não dizer, alegria. Sempre e incansavelmente repetirei: é uma via de mão dupla. Precisamos encontrar o equilíbrio da nossa vida, seja ela, no pessoal, profissional, familiar ou social. O início dessa mudança é de dentro para fora, não é a sociedade ou a sua família que vai estimulá-lo a buscar esse equilíbrio, e sim, você que irá contribuir para que isso ocorra entre as pessoas que compartilham das suas atitudes. Não estou dizendo que os meios não influenciam, com certeza influenciam, mas o que estou afirmando é que individualmente, com cada pensamento e atitude positiva, poderemos dar um passo mais rápido em busca da tão sonhada felicidade.

Podemos estimular as pessoas a ter um *mindset* de crescimento, mas a força interior e a rápida percepção da necessidade de mudanças e dos modos alternativos de encarar as dificuldades, pode ser a verdadeira chave para o sucesso. Sempre estamos criando novas conexões e possibilidades, aumentando a nossa rede de contato, influenciando adeptos que compartilham dos mesmos anseios e, principalmente, nos tornando exemplo prático através dos nossos pensamentos, ações e comportamentos.

Ver a vida de uma maneira mais simples, com menos glamour ou itens da moda, tentar saborear novas conquistas, mesmo que pequenas, como um final de semana de folga com a família, uma ida ao cinema com as crianças, um churrasquinho com os vizinhos, enfim, celebrar por celebrar, apenas pelo fato de estar sempre em constante evolução. Essa visão pode equilibrar suas expectativas da realidade e transformar os pontos de vista de dentro para fora, com muito mais customização para a vida de cada um. Deixar de copiar a vida do próximo e viver a sua pode ser o primeiro grande passo para a mudança do seu *mindset*.

Identifiquei-me muito com a possibilidade de mudança interior através de uma reformulação do *mindset* fixo, aquele que não muda, que só reclama e que tenta viver no passado, para o *mindset* de crescimento, aquele que está no mínimo disposto a enfrentar as mudanças de um novo mundo, muito mais conectado e globalizado, onde as pessoas têm muito mais acesso a informação e ninguém sabe o suficiente para que se torne dono da verdade, tudo começa a ser questionável. Eu me deparei com a necessidade de resgatar conceitos básicos de bons relacionamentos, onde entender que se estivermos mais embasados em nossos propósitos, estaremos mais fortes para encarar essas novas possibilidades.

Para tanto, eu também precisei resgatar minhas origens, navegar em minhas experiências interiores, criar momentos sozinhos, onde eu pudesse me conectar comigo mesmo, sem a influência da tecnologia, assim como criar momentos em família, sem precisar estar num evento social para reunir todos, apenas criar momentos simples que favoreçam a calma e a paz interior.

Convido você, meu novo amigo, a criar um momento do seu dia para ficar por alguns minutos sozinho, em silêncio, desconectado da tecnologia, e apenas conectado com você mesmo, para refletir em suas ações, nas conversas que teve com as pessoas ao seu redor, se conseguiu se expressar como deveria, se agiu como gostaria, se fez o que de fato se propôs a fazer.

Quando falei que a mudança deve começar de dentro para fora, quis dizer também: você quer mudar?

Berço de ouro

Após iniciar esses momentos de reflexão interior em minha vida, comecei a me sentir muito mais forte e com muita propriedade para falar de amor, pois, em meus momentos sozinho comigo mesmo, revisitei minha infância, meus amigos, meus irmãos, meus pais, assim como visitei meu dia a dia, meus amigos de trabalho, minha casa nova, minha esposa e meus filhos, e cheguei a uma conclusão. Eu nasci num verdadeiro berço de ouro, nunca me faltou nada, sempre estudei nos melhores colégios, sempre morei numa bela casa, nem de longe alguma vez faltou comida à mesa, sempre usei roupas bacanas, mesmo nas mais duras crises, sempre vinha uma surpresinha no Natal, sempre curtimos as férias escolares com passeios em família, enfim, dentre os mais de duzentos milhões de brasileiros, acredito que só pelas minhas condições financeiras eu já sou um privilegiado. No entanto, não é a esse tipo de ouro que me refiro, estou falando de uma pedra mais preciosa, aquela que compõe esse tal amor verdadeiro. Estou falando de respeito, carinho, afeto, beijos, abraços, olhares, sorrisos e muita cumplicidade, e podem ter certeza, sempre senti, respirei e vivi muito todos esses sentimentos, meus pais serão sempre os meus maiores exemplos. Viviam grudados, andavam sempre de mãos dadas, se abraçavam o tempo todo, mesmo em público trocavam carinhos, afeto, olhares... Em casa, então, era o tempo todo, até beijos demorados nós presenciávamos, parecia que eles queriam nos ensinar com esses exemplos. Aliás, parecia, não, eles *estavam* nos ensinando.

Eu nunca vi meus pais brigarem, com certeza eles brigaram algumas vezes, porém, nunca na frente dos filhos. Eu nunca vi minha mãe desabonar uma ordem do meu pai, mesmo que ela quisesse muito quando ouvia, da cozinha, ele nos dar balas e doces antes do jantar; nunca vi o meu pai reclamar da minha mãe para algum amigo, assim como nunca a vi fazer o mesmo para alguma vizinha, pois eles se protegiam, se resguardavam, se fortaleciam com bons hábitos, sim, isso fortalece o amor. O carinho é o combustível que abastece esse motor, sempre que meu pai chegava em casa, nos enchia de beijos e abraços, e ainda guardava o carinho mais *caliente* para a sua esposa. Meu pai, nas áureas épocas dos cinemas, às vezes ficava quase um mês fora de casa rodando cada um dos seus cinco cinemas da região, e naquela época, início da década de 1980, não tínhamos as facilidades de comunicação que temos hoje, ele ligava em casa no máximo duas vezes nesse período e, quando retornava, nunca sabíamos a hora e o dia certo da sua chegada, confesso que era muito legal não saber. Sabe aquela ansiedade por receber um presente? Então, a presença dele era o maior presente, e podíamos estar já na cama ou até dormindo, como várias vezes acontecia, mas quando um de nós escutava o barulho do carro entrando na garagem era uma loucura, nós, os filhos, já nos preparávamos para o trenzinho do amor. Vou explicar. Quando ele abria a porta da sala para entrar, já gritava:

— Está pronto o trenzinho do amor?

Mais do que depressa, minha irmã, a caçula, corria para os seus braços, eram os beijos e abraços mais puros que já vi, após ele lamber sua cria igual a um tigre velho, ele a colocava sentada no sofá e depois olhava para o meu irmão, o filho do meio, e chamava:

— Vem, caubói! — Pois meu irmão sempre gostou de cavalos e bois.

Não demorava nem um segundo, meu irmão pulava em seus braços, e acontecia mais uma sessão de muito carinho, em seguida ele o colocava ao lado da minha irmã no sofá. Na sequência era a minha vez, o filho mais velho, que ele chamava de capitão, pois eu ficava com as maiores responsabilidades na sua ausência, ele me olhava e dava o comando após bater continência:

— E aí, capitão, correu tudo bem?

Após meu sinal de positivo, eu também corria para os seus braços. Ah, como era bom!, confesso que demorei para escrever estas linhas. Incrível como é a nossa memória ou como é essa tal de saudade: cada vez que eu pensava nesses momentos, parecia que conseguia sentir o cheiro dele aqui comigo novamente, era tão presente que nunca me esqueci daquele cheiro, uma mistura de suor com desodorante barato vencido. Parece horrível? Que nada, para a minha lembrança do primeiro homem que amei na vida, não há aroma melhor.

Nos abraçávamos apertado por alguns minutos e ele me colocava sentado no sofá. Por que todos ali sentadinhos no sofá da sala? Faltava alguém para completar o time Blóes, era a rainha do lar, como ele chamava a minha mãe, que até então estava na cozinha, fingindo que estava preparando o jantar, quando na verdade estava se perfumando para esperar seu grande amor.

Pausa para eu respirar um pouco, agora passou um filme em minha cabeça, ufaaa... Sabe aqueles filmes românticos das antigas, então, era igual, ela vinha correndo ao seu encontro e ele, já com pose de galã, abraçava meio que deitando-a como no final de uma valsa e começavam a se beijar. E nós ali, meio que boquiabertos, vendo o final da novela ao vivo.

Eram sem dúvida os momentos mais carinhosos e especiais que vivíamos em casa, mas ainda tinha mais. Eles eram incríveis, mesmo, pois comemoraram todos os aniversários de casamento viajando em lua de mel, mesmo nos nossos momentos de crises financeiras, quase que sem dinheiro, as datas especiais eram especiais, e mesmo que fosse para um hotelzinho de uma cidade vizinha, lá iam eles comemorar mais um ano juntos. Além das datas comemorativas, não passava nenhuma sem uma carta ou um buquê de flores, era de fato impressionante.

Por esses motivos e por muitos outros exemplos, os quais me renderiam um livro só para eu contar a história de amor dos meus pais, eu achava que sabia amar como ninguém, que era perito nessa arte, pois havia sido criado e educado por esse casal que era sinônimo de amor e de como se deve amar. Mas a vida nos ensina a cada novo dia, e comecei a perceber as diferentes faces desse sentimento quando eu e meus irmãos começamos a crescer. É, amor de irmão tem fases, quando se é criança se ama de um jeito todo meigo e singelo, quando se é pré-adolescente parece que o amor dá lugar às brigas, quando se é adolescente, parece que os amigos são mais irmãos do que os próprios irmãos, mas quando precisamos sair de casa, a saudade aproxima os irmãos novamente e depois que se casa, as esposas e maridos afastam novamente os irmãos, mas quando se tem sobrinhos, tudo volta ao início novamente, é uma mutação tremenda, posso até chamar de ciclos do amor. Todas essas experiências em casa já me creditavam a ser um expert no amor.

Nada disso: o amor não é feito apenas da família de sangue, percebi isso quando me casei. E me casei muito bem, com uma mulher inteligente e linda, com a qual quero passar todos os dias da minha vida. Mas no começo não foi esse mar de rosas, pois eu tinha um parâmetro muito intenso de amor em família, tinha o exemplo dos meus pais.

A minha esposa não havia sido criada sob o mesmo teto que eu, não passara pelas mesmas experiências, quem sabe, não teve os meus privilégios de carinho e compreensão, e é claro que o começo dessa nova vida a dois não foi nada fácil, pois tínhamos que juntos equalizar essa conta, e percebi logo que não seria com palavras, mas com gestos e atitudes. É como sempre falo, relacionamento de sucesso é feito por pessoas felizes, que valorizam o dom de amar aquelas coisas que o dinheiro não compra, por isso é tão difícil amar quem a gente mal conhece: como poderemos amar aquele que nos desagrada, aquele que sempre está cobrando? Só existe um jeito: é entendendo o objetivo final, incorporando que só nos daremos bem se os interesses forem mútuos e interligados, não apenas o luxo material, mas sim viver num ambiente feliz, harmonioso e rico em conquistas compartilhadas, e quando eu e minha esposa entendemos isso, a nossa vida a dois decolou, nos unimos muito mais, aproveitamos cada viagem, cada lugar novo, cada dia sem nada para fazer como se fosse um dia mais que abençoado, e de fato eram, pois nos tornamos pais de um casal de filhos lindos e minha carreira também começou a prosperar. Acredito que comecei a me dedicar com muito mais afinco a cada trabalho pois, quando chego em casa, vejo que agora não estou mais só, que novas vidas dependem de mim, e aí compreendi que não dá para separar as coisas: se você está bem no pessoal, o profissional vem de carona, mas não posso afirmar que a recíproca é verdadeira, pois acredito na ordem natural das coisas, em que primeiro vem a pessoa e depois o profissional, primeiro vem o lar e depois o local de trabalho, primeiro os amigos e depois os colegas, e assim por diante.

Por isso, venho trabalhando e me aprimorando em incluir o amor nos negócios, nas empresas, nas equipes, enfim, esse é o meu lema de vida. Mas para conseguir propagar o amor, primeiro, precisa existir respeito e amizade, requisitos básicos para o sucesso dessa arte. Ser líder nato só é possível se tiver amor e só é possível amar se você tiver admiração. Quando falo em admiração, estou falando abertamente em exemplo: só admiramos quem nos faz sentir a vontade de ser igual ou, no mínimo, fazer igual. Portanto, ser o exemplo será sempre o caminho da mudança, uma mudança que exigirá esforços e abdicações, porém, que trará resultados tão impactantes que nunca se sentirá cansado em tentar, sim, tentar, pois não há nenhuma receita pronta nem fórmula mágica para amar as pessoas. Muitas vezes, nos sentimos tentados a amar apenas aquele que nos agrada, com quem nos identificamos, mas, quando nos libertamos dos preconceitos e direcionamentos óbvios, começamos a aumentar nosso campo de visão e percebemos que devemos também amar quem muitas vezes nos mostrou um novo caminho ou até mesmo foi duro demais. É a essência do amor verdadeiro, pois não se trata apenas de amar por amar, mas de amar o que nos faz bem, mesmo que não seja tão prazeroso no início, mas se é para o bem de todos, todo sacrifício valerá a pena.

É nessa força que acredito, a força do querer o bem, independentemente de quem esteja no seu caminho. Quando nos esforçarmos para fazer o bem, mais chances teremos de recebê-lo de volta.

Queira o bem que o resto vem.

Queira o bem que o resto vem.

Mensagem final

Depois de ler tudo o que eu escrevi, vou lhe fazer mais uma pergunta: Você quer ser o artilheiro do time que será rebaixado ou reserva do time que será campeão?

Apenas reflita sobre a sua resposta e, com certeza, entenderá o caminho que deverá seguir. Pois, para ambas as repostas, você necessitará de esforços, terá ganhos e perdas e ainda precisará reprogramar diariamente os seus objetivos para chegar lá.

Hoje compreendo o motivo de a maioria dos planos começar pelo ápice da pirâmide, que é *ter*, pois sempre focamos no lucro, nas conquistas materiais, no aumento de rentabilidade para construir um patrimônio que às vezes nem iremos usufruir. E, ainda, queremos conquistar essas riquezas em pouco tempo, a curto prazo, em sua grande maioria com a célebre frase:

— Estou me sacrificando agora, para ficar tranquilo no futuro.

Como assim? Que futuro? Será que não é melhor ser feliz agora, no presente?

Mas, para mudar esse *pensamento*, é necessário *fazer* algo diferente, algo a mais, se doar mais, respeitar os prazos de maturação, entender que tudo tem o seu tempo, até mesmo a dor tem o seu tempo necessário para cicatrizar e deixar a pele mais calejada. Pode ter certeza absoluta que esse ser diferente precisa necessariamente e impreterivelmente começar por você, precisa vir do verbo *ser*. Não se trata apenas de copiar os sonhos dos outros, as estratégias ou até mesmo fazer exatamente igual a quem já realizou e conquistou, pois, assim, estará apenas replicando rotinas.

É claro que é importantíssimo ter boas referências, comparativos, seguir bons líderes, afinal, esse é o principal motivo deste livro, ser um exemplo de boas práticas, mas reforço, sem nenhum instante de dúvida, o pontapé inicial será sempre seu. Você é o senhor do seu destino e o único mentor a dar a palavra final ou inicial, pois só você tem o seu próprio livre-arbítrio.

Posso afirmar que só existe um tipo de sucesso, que é o sucesso coletivo, seja com os parceiros de trabalho, fornecedores, clientes, amigos, até mesmo adversários e/ou concorrentes — sim, até eles, todos precisam participar.

Mas existe uma conexão insubstituível nessa equação, que é a participação e força da família em todos os seus atos e decisões; se ela não estiver envolvida, certamente em algum momento esse elo se romperá. Sim, somos os provedores, porém para compreender as necessidades, precisaremos compartilhar interesses.

No final das contas, só viveremos todos esses momentos de alegria se estivermos ao lado de nossos familiares, que nos dão todo o suporte, consolo e principalmente força para superar e vencer cada novo obstáculo. E é com eles que queremos estar para comemorar as mais doces conquistas.

Não sou nem me considero um vencedor das adversidades, mas um produto final vitorioso, dentro de uma engrenagem equilibrada e ritmada, sempre apta a fazer o melhor, em prol do todo e de todos. Sempre disposto a recomeçar e me reinventar, com aquela inquietude saborosa da mudança positiva, dos novos caminhos, das novas amizades e, por que não dizer, dos novos amores.

Demorei mais de dois anos para escrever este livro, e me apaixonei tanto por ele que não consigo parar de escrever, parece que voltei a ser adolescente e estou registrando tudo em meu diário. Mas agora que estou nas últimas linhas, não consigo me inspirar em nenhuma frase de efeito para finalizar em grande estilo, acho que porque não existe nenhuma frase já pronta que supere o meu sentimento de concluir mais este sonho, de iniciar mais essa etapa da minha carreira, de impulsionar meus conceitos através das minhas próprias vivências e, ainda, poder dividir tudo isso com pessoas que nunca conhecerei pessoalmente. É um sentimento muito louco, confuso, por estar abrindo os cofres da minha intimidade, dos meus defeitos, das minhas vaidades, dos meus sonhos mais que secretos, que por muitas vezes estavam escondidos atrás de um sorriso e outro. Contudo, posso confessar mais um último sentimento: foi muito bom, parece que me libertei dos medos da frustração, estou livre dos meus temores, anseios e receios, de ser sempre compreendido, pois, após ter escrito essas linhas, registrei as minhas verdades. Pelo menos até aqui essas são as minhas crenças, o meu ponto de vista, e aquilo em que acredito. Estou renovando os votos do meu manifesto: "Trabalhar para crescer, estudar para se desenvolver, ensinar para reforçar os valores e aprender a desaprender para conseguir enxergar novos caminhos".

Estou assinando um pacto comigo mesmo, um pacto de lealdade com meus valores e princípios, uma renovação espiritual que transcende minha religiosidade, que está me trazendo imensa paz de espírito e me abastecendo com uma coragem jamais antes sentida por mim. Acho que posso chamar de liberdade.

Que a vida promova em todos que lerem essas linhas o mesmo que estou sentindo agora, que não é apenas um sentimento de missão cumprida, mas um sentimento indescritível de liberdade, e só serão libertos aqueles que se expuserem a julgamento. E não apenas esperando absolvição ou punição, pois são apenas fatos, personagens, situações e momentos vividos em família, com amigos e pessoas do bem, que sempre estarão dispostas a seguir em frente e nunca desistir.

Se eu puder desejar algo a cada um que ler essas experiências, acho que sei exatamente o que desejar: paz, amor e proteção. Viva sempre em busca da sua felicidade através desse tripé, construa a sua fortaleza e, pode acreditar, todo o resto virá. A única certeza é que iremos colher, mas plantar é uma escolha individual e totalmente sua.

Boa sorte e sucesso na lavoura!

Referências

COVEY, Stephen R. *Os sete hábitos das pessoas altamente eficazes.* Rio de Janeiro: Best Seller, 1989.

DUGLAS, William e TEIXEIRA, Rubens. *As 25 leis bíblicas do sucesso.* Rio de Janeiro: Sextante, 2012.

DWECK, S. Carol. *Mindset* - a nova psicologia do sucesso. São Paulo: Objetiva, 2017

HUNTER, James C. *Como se tornar um líder servidor.* Rio de Janeiro: Sextante, 2011.

__________. *O monge e o executivo.* Rio de Janeiro: Sextante, 2010.

JOHNSON, Spencer. *Quem mexeu no meu queijo.* Rio de Janeiro: Record, 1998.

LEWIS, C.S. *Os quatro amores.* Rio de Janeiro: Thomas Nelson Brasil, 1960.

ROSSI, Marcelo. *Ágape.* Rio de Janeiro: Globo, 2010.

RUDOLF, Rudolf. *Andar, falar, pensar.* 9.ed. São Paulo: Antroposófica, 2014.

SINEK, Simon. *Primeiro pergunte por quê.* Alfragide, Portugal: Lua de Papel, 2018.

FONTE: Stone Serif

Novo Século nas redes